ORIXÁ EXU MIRIM

Fundamentação do Mistério na Umbanda

Rubens Saraceni

ORIXÁ EXU MIRIM

Fundamentação do Mistério na Umbanda

MADRAS®

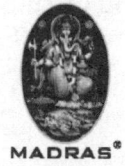

© 2023, Madras Editora Ltda.

Editor:
Wagner Veneziani Costa (*in memorian*)

Produção e Capa:
Equipe Técnica Madras

Revisão:
Arlete Genari
Denise R. Camargo

Dados Internacionais de Catalogação na Publicação (CIP)
(Câmara Brasileira do Livro, SP, Brasil)

Saraceni, Rubens
Orixá Exu Mirim: fundamentação do ministério na Umbanda / Rubens Saraceni. — São Paulo : Madras, 2023.
ISBN 978-85-370-0341-1
1. Exu 2. Mistério 3. Umbanda (Culto) I. Título.
08-02989 CDD-299.67

Índices para catálogo sistemático:
1. Exu : Teologia de Umbanda : Religiões de origem africana 299.67

Proibida a reprodução total ou parcial desta obra, de qualquer forma ou por qualquer meio eletrônico, mecânico, inclusive por meio de processos xerográficos, incluindo ainda o uso da Internet, sem a permissão expressa da Madras Editora, na pessoa de seu editor (Lei nº 9.610, de 19.2.98).

Todos os direitos desta edição reservados pela

MADRAS EDITORA LTDA.
Rua Paulo Gonçalves, 88 — Santana
CEP: 02403-020 — São Paulo/SP
Tel.: (11) 2281-5555 – (11) 98128-7754
www.madras.com.br

Índice

Introdução 7
O Enigma Exu Mirim 13
Exu Mirim 17
Lendas, Magia e Mistério 23
O Orixá Exu Mirim 27
Orixás, Mistérios de Olorum 35
Fatores-Funções de Exu Mirim 41
    Lenda sobre os espertinhos 44
Funções Divinas do Mistério Exu Mirim 51
    Fator Regredidor 54
    Fator Intencionador 56
    Lenda de Exu Mirim e as segundas intenções ... 57
    Fator Controvertedor 67
    Lenda da primeira controvérsia na criação exterior 68
A nossa Ligação com Exu Mirim (parte 1) 77
A nossa Ligação com Exu Mirim (parte 2) 87
A nossa Ligação com Exu Mirim (parte 3) 95
Por Onde Exu Mirim Entra em Nossa Vida 105
    A Lenda das Intenções 107
O Mistério Exu Mirim Autorrealiza-se 113

As Hierarquias de Exu Mirim 117
As Linhagens de Exu Mirim 121
Oferendas para Exu Mirim 125
Conclusão 127

Introdução

Amigos leitores, saudações fraternas!

Este nosso livro sobre o Orixá Exu Mirim visa a inseri-lo na Teogonia, na Cosmogonia e na Teologia Umbandista porque, ainda que saibamos da existência desse Orixá e que todo médium de Umbanda tenha um Exu Mirim à sua esquerda, nada se sabe além de que é um Exu "criança".

A Umbanda tem uma linha de trabalhos espirituais denominada "linha das crianças", que realiza importantes e impressionantes trabalhos em benefício das pessoas que se consultam com essas entidades "infantis".

Alguns autores já escreveram sobre a linha das crianças, fornecendo-nos informações, mas a maioria delas refere-se aos santos cristãos "Cosme e Damião", criando um sincretismo com eles.

O sincretismo tem sua validade até certo ponto, ou seja, ajuda a fundamentar mistérios desconhecidos mas que são cultuados religiosamente em cultos nascentes!

Se observarmos com atenção a história do início de todas as religiões, veremos que elas se fundamentam em uma anterior, da qual extraem seus fundamentos iniciais.

A regra nesse caso nos ensina que "do nada, nada se cria", mesmo em religiões.

Estudem a história das religiões e verão em todas a repetição dessa máxima: "Em religião, pouco se cria e a muito se compila."

Na verdade, umas chegam a apropriar-se de fundamentos e práticas das anteriores e, de posse deles, começam a negar-lhes qualquer validade, chegando ao absurdo de taxá-las de práticas "pagãs", "demoníacas", pecaminosas, etc.

Basta ver o Cristianismo no seu início, que se apossou dos fundamentos do Judaísmo mas negou aos seguidores dele de então o acesso ao paraíso, pois, para tanto, teriam de se converterem à religião nascente, criada por um grupo de seguidores de Jesus.

Os séculos passaram e, como nova religião, já dominante em muitos países, dogmatizou-se e praticou tudo o que seus fundadores condenavam quanto ao secular Judaísmo estabelecido no Templo de Jerusalém.

Mas, séculos mais tarde, um grupo de "puristas" criou uma "reforma" que condenava o "mercantilismo" instalado na Igreja Católica, Apostólica, Romana.

E alguns séculos depois, já reinando sobre milhões de seguidores, se impõem política e economicamente dominando partidos políticos e governos, repetindo os procedimentos que os reformadores iniciais abjuraram.

Na verdade, dentro dessa "reforma", acomodaram-se os adversários e todos os "deserdados" do Catolicismo, assim como todos os ambiciosos de todos os tempos, que não perdem uma boa oportunidade de aumentarem seus domínios, seus ganhos e seus poderes pessoais e políticos à custa das religiões.

Observem que os propósitos são os mesmos no Judaísmo, no Catolicismo e no Pentecostalismo: salvar a alma das pessoas!

Dos fundamentos do Judaísmo se servem os seus seguidores e os das religiões cristãs, assim como deles se servem os seguidores do Islã em todas as suas vertentes.

Acrescentamos aqui o Islã, também fundamentado no "Velho Testamento", reinterpretado por Maomé, para que comprovem nossas afirmações (já que dentro dele também há correntes de pensamentos "conservadoras e liberais") de que, em religião, nada se cria e a tudo e a predecessores se reinterpreta e adapta o que interessa à nova religião.

Logo, não há nada de errado com o sincretismo adotado pela Umbanda no seu início, porque se serviu do que já existia nos cultos afros aqui estabelecidos nos séculos anteriores, cultos esses que vieram de vários povos africanos para cá transportados à força.

Ao se servir do sincretismo já existente e se servir de fundamentos e dogmas alheios, a Umbanda colocou-se ao lado de todas as grandes religiões do mundo, que fizeram a mesma coisa em seus inícios.

Como afirmou Pai Benedito de Aruanda em um dos livros psicografados por mim: "Em religião, não há nada de novo sob o sol ou sob a lua, desde que esse nosso mundo é mundo!"

Afinal, o bem e o mal, Deus, divindades, anjos e demônios, espíritos, etc., povoam o mundo sobrenatural de todas elas e não há uma sequer que não siga esse roteiro, inclusive a Umbanda.

Por mais criativo que sejam os fundadores das religiões, o roteiro é o mesmo porque não há outro a ser seguido. E os que tentaram inovar fora dele caíram no descrédito e não prosperaram na mente e no coração das "massas religiosas", ora cinzentas, ora brilhantes.

Então tá, não é mesmo?

Pois é, então os intérpretes religioso umbandistas, seguindo a regra e o roteiro, encontraram dois santos católicos nascidos na Capadócia que foram canonizados por realizarem curas milagrosas e sincretizaram com eles a linha das Crianças, tornando-os padroeiros das Crianças na Umbanda.

Pegar para padroeiros os gêmeos negros africanos nem pensar!, porque eram negros e "inferiores" aos santos católicos da religião aqui dominante.

Por que se servir do arquétipo secular dos dois "negrinhos" gêmeos (um da direita e outro da esquerda) para sincretizarem com os manifestadores infantis da linha das Crianças se tinham à mão o arquétipo dos dois santos cristãos brancos gêmeos?

E, principalmente, o que fazer com a criança arteira, espevitada e desbocada da esquerda?

O melhor que acharam foi deixar os dois gêmeos à direita e encaixar o da esquerda como um tipo de Exu infantil.

E, aí, criaram a linha dos Exus Mirins que, tal como haviam feito com Pombagira, negando-lhe seu arquétipo secular africano, sincretizaram-na como Exu feminino.

Já que não aceitaram os gêmeos negros nem conheciam os fundamentos desse mistério da criação, o melhor a fazer foi enfiar o da esquerda como um Exu infantil e deixar o mito dos gêmeos com a direita, certo?

Foi por desconhecerem os fundamentos da Criação que todas as religiões nascentes tiveram que seguir a regra e o roteiro tradicionais. E, dessa "tradição", a Umbanda não escapou!

Então os gêmeos da direita ficaram como Cosme, Damião e um tal de "Doum" e o gêmeo da esquerda ficou como um Exu pequeno ou Mirim (na língua Tupi-guarani), e daí em diante ninguém questionou mais nada porque viraram dogmas dentro da Umbanda. Certo?

Errado! – respondemos nós. Afinal, não é porque a maioria nada questiona que devemos abdicar de nossa busca dos fundamentos divinos que sustentam as religiões e que estão por trás dos mitos dos grandes construtores do Universo: os Sagrados Orixás!

Que se satisfaça com o atual sincretismo quem aceitá-lo sem questionamentos.

Mas nós preferimos não questioná-lo, mas sim, revelarmos os grandes mitos da criação por meio de uma interpretação renovadora da Teogonia, da Cosmogonia, da Androgenesia e da Teologia umbandista porque cremos que, só após fundamentá-las corretamente, o sincretismo deixará de ser o referencial doutrinário dos umbandistas.

E este livro sobre o Orixá Exu Mirim, além de ser renovador de conceitos, traz revelações e interpretações tão inovadoras e tão esclarecedoras que, esperamos, conquiste a mente e os corações dos que o lerem, transformando algumas "massas cinzentas ou opacas" em translúcidas e brilhantes.

Que Exu Mirim nos ensine, esclareça-nos e revele-se de forma luminosa e indelével!

Rubens Saraceni

O Enigma Exu Mirim

No decorrer dos milênios, todas ou quase todas as religiões organizadas tiveram nos gêmeos infantis um dos seus mistérios, e eles ocuparam e ainda ocupam um lugar de destaque em muitas delas.

Na África, em várias religiões, os gêmeos estão presentes ou, quando não aparecem juntos, pelo menos um se faz presente. Assim como ocorre entre os índios brasileiros, em que criança é chamada de curumim e há seres sobrenaturais infantis ou mirins.

Se assim foi, é e será, então temos que identificar melhor esse mistério e descobrir algumas das suas funções na Criação, porque a partir daí ele fica fundamentado e o entendimento sobre ele torna-se acessível a todos os umbandistas que, quer queiram ou não, têm à esquerda uma entidade "infantil" cuja companhia não recomenda ao seu filhinho, pois preferem colocá-lo num jardim de infância frequentados só por criancinhas da "direita".

Afinal, essas crianças da "esquerda" (os Exus e as Pombagiras Mirins) fumam, bebem, e ainda atazanam a vida de quem os ofende ou os desagrada, não é mesmo?

São crianças condenadas ao purgatório ou ao abandono nas "ruas", largadas não se sabe por quem, pois nenhum Orixá assumiu a paternidade delas e nenhum os recolheu aos seus domínios na Criação, preferindo enviá-los para os de Exus que, ao contrário dos outros Orixás, não nega abrigo em seus domínios a ninguém.

A todos Exu acolhe e com todos se relaciona amigavelmente.

E assim foi na Umbanda, quando ninguém sabia o que fazer com os infantes da esquerda, Exu deus-lhe casa e comida, digo, domínio e campo de ação.

Firmado no lado de fora dos templos de Umbanda, mas ganhando aqui e acolá um "ebozinho" minguado para resolver complicações insolúveis, Exu Mirim foi sobrevivendo à mingua e entregue à própria sorte... ou azar quem sabe?

Isolado no gueto ou no cortiço dos meninos mal-educados e desbocados, Exu Mirim raramente entra na "casa grande" (no templo) e, ainda assim, é para limpar e para levar embora a sujeira alheia (dos consulentes). Afinal, só raramente o chamam para realizar um trabalho de ponta a ponta, ou seja, do começo ao fim!

Mas, boa parte da má educação e do "desbocamento" dessas entidades infantes da esquerda deve-se ao comportamento dos seus médiuns e não ao Orixá Exu Mirim.

Afinal, que melhor momento há para fazer "artes" do que quando incorporado com seu Exu Mirim, não é mesmo?

Que melhor oportunidade há para falar palavrões do que quando incorporado por um espírito "desbocado e mal-educado?" Há médiuns que chegam a enfiar os dedos nas narinas e comer ou fingirem que come "ronhas", chocando quem os veem fazendo tal coisa.

Há outros que fazem micagens (gestos de macacos) e mostram a língua para os assistentes, além de gestos obscenos impublicáveis quando incorporados com seus Exus Mirins, fazendo uma pantomima nada religiosa.

Mas isso não é inerente aos Exus Mirins, e sim, à falta de informações dos seus médiuns, pois não se doutrinam nem aos espíritos que incorporam e que os usam para extravasarem o que têm em seus íntimos.

Exu Mirim é superior a tudo isso e, mesmo relegado à míngua na maioria dos centros e por um grande número de médiuns umbandistas, vem sobrevivendo com um dos mais fechados dos mistérios da Umbanda e vem resistindo a comentários os mais absurdos possíveis já publicados por pessoas que não só o desconhece como nada sabem sobre ele.

Aqui, vamos revelá-lo parcialmente e dignificá-lo religiosamente, pois é um importantíssimo mistério do nosso Divino Criador Olorum.

Exu Mirim

Escrever sobre Exu Mirim se faz necessário neste momento porque, desde que psicografei o livro *Lendas da Criação – A Saga dos Orixás*,* sua importância na Criação e na Umbanda mostraram-se maior do que se imaginava.

Não temos escritos abundantes à nossa disposição que nos ensinem sobre esse Orixá ou que o fundamente como Mistério Religioso.

Essa falta de textos esclarecedores e fundamentadores das suas manifestações religiosas neste primeiro século de existência da Umbanda deixou Exu Mirim à própria sorte, ou seja, a vagos comentários sobre seus manifestadores, que pouco ou nada esclareceram sobre eles e ao que vieram!

Inclusive, por terem sido descritos como "espíritos de moleques de rua", cada um incorporava-o com os típicos procedimentos de crianças mal-educadas, encrenqueiras, bocudas, chulas, etc.

Foram tantos os disparates cometidos, que é melhor esquecê-los e reconstruir todo um novo conhecimento sobre o Orixá Exu Mirim antes que ele deixe de ser incorporado e seja relegado ao esquecimento, como já foi feito com muitos dos Orixás que, por falta de informações corretas e fundamentadoras, deixaram de ser cultuados aqui no Brasil.

*N. E.: Publicado pela Madras Editora.

Nas Lendas da Criação, Exu Mirim assumiu uma função e importância que antes nos eram desconhecidas. A função é a de fazer regredir todos os espíritos que atentam contra os princípios da vida e contra a paz e a harmonia entre os seres. A importância é a de que, sem Exu Mirim, nada pode ser feito na Criação sem sua concordância.

Com Exu, dizia-se que "sem ele não se faz nada". Já, com Exu Mirim, dizemos: "sem ele nem fazer nada é possível".

Vamos por partes para entendermos sua importância e fundamentá-lo, justificando sua presença na Umbanda.

1) Cada Orixá é um dos estados da Criação. Um é a Fé, outro é a Lei, outro é o Amor, e assim por diante, independentemente de suas interpretações religiosas.

2) Por serem estados, são indispensáveis, insubstituíveis e imprescindíveis à harmonia e ao equilíbrio do todo. O estado considerado "frio" só é possível por causa da existência do estado "quente", e ambos na escala Celsus indica os dois estados das temperaturas. Sem um não seria possível dizer se algo está frio ou quente, se algo é doce ou amargo, se algo é bom ou ruim, etc. É a esse tipo de "estado" que nos referimos e não a um território geográfico, certo?

3) Muitos são os estados da Criação, e cada um é regido por um Orixá e é guardado e mantido por todos os outros, pois se um desaparecer (recolher-se em Deus), tal como numa escada, ficará faltando um degrau; e tal como numa escala de valores, estará faltando um grau que separe o seu anterior do seu posterior.

4) Quando a Umbanda se iniciou no plano material, logo surgiu uma linha espiritual ocupada por espíritos infantis amáveis, bonzinhos, humildes, respeitosos e que chamavam todos(as) de titios e titias ao se dirigirem às pessoas ou aos Orixás e guias espirituais. Também chamavam os

Pretos(as) Velhos(as) de vovó e de vovô. Até aí tudo bem!
5) Mas logo começaram a "baixar" uns espíritos infantis briguentos, encrenqueiros, mal-educados, intrometidos, chulos, que se dirigiam às pessoas com desrespeito chamando-os disso e daquilo.

E quando inquiridos, apresentavam-se como "Exus" Mirins, os Exus infantis da Umbanda numa equivalência com um Exu infantil ou um Erê da esquerda existente no Candomblé de raiz nigeriana.

6) Exu Mirim assumiu o arquétipo que foi construído para ele: o de menino mau! E tudo ficou por aí com ninguém se questionando sobre tão controvertida entidade incorporadora em seus médiuns, pois eles diziam que todo médium tem na sua esquerda um Exu Mirim além de um Exu e uma Pombagira.

7) De meninos "mal educados," como tudo que "começa mal" tende a piorar, eis que as incorporações de entidades Exus Mirins começaram a ser proibidas em muitos Centros de Umbanda devido à vazão de desvios íntimos dos médiuns, que eles extravasavam quando incorporavam nos seus.

8) De mal vistos para pior, essa linha de trabalhos espirituais (na qual cada médium tem o seu Exu Mirim) quase desapareceu e só restaram as incorporações e os atendimentos de um ou outro Exu Mirim "muito bom" mesmo no ato de ajudar pessoas.

9) Então ficou assim decidido mais ou menos por muitos:
  - Exu Mirim existe, é mal educado, incontrolável e de difícil doutrinação.
  - Vamos deixar Exu Mirim quieto e vamos trabalhar só com linhas espirituais facilmente doutrináveis e possíveis de serem controladas dentro de limites aceitáveis.

10) Exu Mirim praticamente desapareceu das manifestações Umbandistas, porque suas incorporações fugiam do controle dos dirigentes e seus gestos e palavrões envergonhavam a todos.

11) Como é característica humana negar tudo o que não pode controlar e ocultar tudo o que "envergonha", o mesmo foi feito com Exu Mirim, que existe, mas não é recomendável que incorpore em seus médiuns. Certo?

Errado, dizemos nós, porque muitos médiuns já ajudaram a muitas pessoas com seus Exus Mirins doutrinadíssimos e nem um pouco influenciados pela personalidade "oculta" de quem os incorporava.

Todos se adaptam a regras comportamentais se seus aplicadores forem rigorosos, tanto com os médiuns quanto com quem incorporar neles.

O melhor exemplo começa com as incorporações comportadas de quem dirige os trabalhos espirituais. E uma boa orientação sobre as entidades ajuda muito, porque o que os médiuns internalizarem sobre elas será o regularizador das entidades.

Porém, se o dirigente adota um comportamento discutível, seus médiuns o seguirão intuitivamente, pois o tomam como exemplo a ser seguido.

Em inúmeras observações vimos os médiuns repetindo seus dirigentes e, inclusive, com as incorporações e danças dos guias incorporados neles.

Essa assimilação natural ou intuitiva é um indicador de que o exemplo que vem "de cima" ainda é um dos melhores reguladores comportamentais.

Portanto, quando o dirigente incorpora seu Exu Mirim e este, por ser do "chefe", faz micagens, caretas, gestos obscenos, atira coisas nas pessoas, xinga-as e fala palavrões, aí tudo se degenera e seus médiuns procederão da mesma forma porque, em suas mentes e inconscientes, é assim que seus Exus Mirins devem comportar-se quando incorporados.

Essa foi uma das razões para o ostracismo a que foi relegada a linha dos Exus Mirins. E isto, sem falarmos em supostos Exus Mirins que, quando incorporavam ou ainda incorporam por aí afora, pegam ou lhe são dados saquinhos de papel que ficam cheirando, como se fossem as infelizes crianças de rua viciadas em cheirar "cola de sapateiro".

Há certos comportamentos que devemos debitá-los ao arquétipo errôneo construído por pessoas desinformadas sobre essa linha de trabalhos espirituais Umbandistas.

Falemos sobre os verdadeiros Exus Mirins:
- Não são espíritos humanos, em hipótese alguma.
- Exus Mirins são seres encantados da natureza, provenientes da sétima dimensão à esquerda da que nós vivemos.
- A irreverência ou má educação comportamental não é típico deles na dimensão onde vivem.
- São naturalmente irrequietos e curiosos, mas nunca mal educados ou desrespeitadores.
- Por um processo osmótico espiritual, refletem o inconsciente de seus médiuns, tal como acontece com Exu e Pombagira. Logo, são nossos refletores naturais.
- Gostam de beber as bebidas mais agradáveis ao paladar dos seus médiuns, sejam elas alcoólicas ou não.
- Apreciam frutas ácidas e doces "duros", tais como rapadura, pé-de-moleque, quebra-queixo, cocadas secas e balas "ardidas" (de menta ou hortelã).
- Se bem doutrinados, prestam inestimáveis trabalhos de auxílio aos frequentadores dos centros de Umbanda.
- Não aprovam ser invocados e oferendados em trabalhos de demandas e magias negativas contra pessoas.
- Toda vez que seus médiuns os ativam para prejudicar os seus desafetos, seus Exus Mirins se enfraquecem

automaticamente, pois já aconteceram inúmeros casos de médiuns que ficaram sem seus verdadeiros Exus Mirins porque os usaram tanto contra seus desafetos, que eles ficaram tão fracos e foram aprisionados, e kiumbas oportunistas tomaram seus lugares junto aos seus médiuns, passando daí em diante a criar problemas para suas vítimas, que ainda acreditavam que estavam incorporando seus verdadeiros Exus Mirins.

- Eles raramente pedem seus assentamentos ou firmezas permanentes e preferem ser oferendados periodicamente na natureza, tal como as Crianças da direita.
- Se bem doutrinados e colocados a serviço dos frequentadores dos centros umbandistas, realizam um trabalho caritativo único e insubstituível.

Vamos resgatar os Exus Mirins da Umbanda e libertá-los do falso arquétipo que mentes e consciências distorcidas criaram para eles?

Lendas, Magia e Mistério

Há muito tempo eu sentia vontade de escrever um livro sobre o Orixá Exu Mirim e sobre essa linha de trabalhos espirituais umbandistas, porque não há nada atualmente publicado sobre eles e o pouco que já foi estava em livros que saíram de circulação há décadas.

Na verdade, o pouco que encontrei em alguns livros umbandistas publicados no século XX só nos revelavam que Exu Mirim é uma linha infantil de trabalhos espirituais e que são Exus "crianças", em tudo opostos aos Erês (Crianças da direita) que atuam na linha dos santos Come e Damião.

Pesquisei em muitos livros umbandistas publicados desde a década de 1940 até o ano 2000 e não encontrei nada sobre Exu Mirim que me satisfizesse.

Acabei desistindo de encontrar alguma literatura farta sobre essa linha de trabalho, quando um mentor espiritual me comunicou que o pouco que eu já havia lido não correspondia à essência do Mistério Exu Mirim, e sim, eram apenas informações genéricas para despistar os curiosos e para ocultar um dos mais intrigantes mistérios do nosso Divino Criador Olorum.

Inclusive, comunicou-me que "quanto mais eu pesquisasse menos eu encontraria e quanto mais eu perguntasse sobre ele menos eu saberia".

Interpretei essa comunicação assim:

- Quanto mais eu pesquisasse livros em busca de algo sobre Exu Mirim menos eu encontraria, porque não havia nada sobre esse mistério que o revelasse.

- E menos eu saberia porque o que eu ouvia das pessoas inquiridas em vez de instruir-me, suas explicações tornavam mais confuso o mistério Exu Mirim.

Ou seja: de fato, ninguém sabia muito sobre Exu Mirim e o máximo que podiam dizer é que os que se manifestam dizem através dos seus médiuns.

Sabemos muito bem que os guias espirituais não gostam de falar sobre si ou suas linhas de trabalho espirituais, limitando-se a revelar seus nomes e a que povos pertenceram quando viveram encarnados no plano da matéria e, ainda assim, sem que possamos confirmar realmente se tais informações são verdadeiras. Depende mais de crermos em suas informações que prová-las.

Quanto a Exu Mirim, pior ainda porque, como suas manifestações são um tanto "arrelientes", muitos ainda acreditam que eles sejam espíritos de meninos delinquentes quando passaram pela matéria, os tais "meninos de rua", cheiradores de cola de sapateiro, etc. e tal.

Então, quanto mais eu perguntasse sobre Exu Mirim menos eu saberia porque só ouviria "contra-informações", destinadas a confundir-nos, desviar-nos e afastar-nos da essência desse mistério.

Tal como já havia acontecido com outros mistérios, mais um se mostrava impermeável às abordagens sensatas e corretas que tanto nos satisfariam como recolocariam as coisas nos seus devidos lugares e fundamentariam uma linha de Umbanda, fazendo com que ela deixasse de ser vista como algo profano (humano) e negativa (do mal) e a tornasse parte verdadeira de um todo espiritual e divino ordenadíssimo!

De minha parte, aquietei-me e até esqueci-me do mistério Exu Mirim, voltando minha atenção a outros aspectos do Mistério Orixás e da Magia Divina.

Mas, em 2005, comecei a psicografar o livro *Lendas da Criação – A Saga dos Orixás*, e eis que Exu Mirim reaparece de forma triunfal e inseparável do universo dos Orixás.

Inclusive, parafraseando o ponto cantado de Umbanda que nos diz que "sem Exu não se faz nada", sem Exu Mirim nem o nada é possível ser feito!

No livro *Lendas da Criação*, Exu Mirim é mostrado e descrito como indispensável ao equilíbrio da criação e que, sem sua presença, os outros Orixás não fazem nada, ou seja, não tomam decisões universais e aplicáveis a tudo e a todos, inclusive a eles.

Pistas importantes sobre Exu Mirim foram colocadas no livro *Lendas da Criação*, pistas estas que reacenderam minha curiosidade sobre os mistérios religiosos umbandistas, mais para "coisas misteriosas" que para mistérios devido às contra-informações circulantes entre seus seguidores-praticantes.

De posse das pistas colocadas nas lendas, minha visão apurou-se e comecei a atinar com algumas das funções divinas do mistério Exu Mirim, abrindo-me novo campo de investigações e de descobertas surpreendentes sobre um dos mais ocultos mistérios manifestados por meio da religião umbandista.

De 2005 até agora, dediquei boa parte das minhas observações e investigações aos Exus Mirins que incorporam em seus médiuns aos trabalhos realizados por eles aos mistérios regidos e aos guardados pelo Orixá Exu Mirim.

O que fui descobrindo pouco a pouco me surpreendeu e mudou no meu íntimo, em minha mente e consciência, tudo o que eu já ouvira e aprendera sobre tão ocultado mistério; inclusive, passei a crer realmente que "sem Exu Mirim nem o nada é possível se fazer".

Mas com ele ao nosso lado, à nossa esquerda, e em equilíbrio, tudo o que deve ser feito será feito, inclusive o ato de não fazer nada... em paz.

O Orixá Exu Mirim

Na Umbanda, Orixá é Ogum, é Oxóssi, é Oxalá, é Xangô, é Iemanjá, etc., mas não Exu, Pombagira e Exu Mirim. Inclusive, alguns não têm Omolu como Orixá, e não os adotam ou permitem que sejam cultuados regularmente, só recorrendo a eles quando a água já chegou no queixo e, ou vão até eles em busca de ajuda, ou morrem afogados.

São posturas ou preconceitos que os preservam quanto aos que não os aceitam como parte de um todo que, por causa de suas formações religiosas anteriores, têm dificuldades em assimilar como natural e com naturalidade.

- Afinal, Oxum simboliza o amor, e todos amam ou querem amar. Mas Omolu simboliza a doença e a morte, e ninguém quer adoecer e muito menos morrer, certo?
- Iemanjá simboliza a mãe protetora e guardiã do lar e da prole, enquanto Pombagira simboliza a mulher independente e liberada do pudor, nem um pouco achegada a filhos ou aos trabalhos domésticos, não é mesmo?

- Ogum é retidão do caráter, e Exu é a quebra das regras dos bons costumes.
- Os Erês são as criancinhas bondosas, humildes, educadas e respeitosas, e os Exus Mirins são os moleques irreverentes, boca-sujas, malandrinhos e briguentos, não é mesmo?

Pelo menos é o que foi difundido pela maioria dos umbandistas no decorrer de um século de Umbanda.

Esses arquétipos mais ou menos genéricos tem servido para ensinar alguns e para confundir muitos, que não aceitam dentro de uma religião a existência de seres cujo "palavreado" e padrões de comportamento chocam-se com a visão cristã de como devem ser as coisas: religiosamente puras!

Só que ninguém parou para pensar e fazer umas contas simples:
os jogos de futebol ou outros esportes populares atraem mais pessoas que os chamamentos religiosos.

Nos jogos (em geral) se vai quando se está bem, e na "igreja" se vai quando se está mal, não é mesmo?

Na "igreja", ninguém quebra as regras, o decoro e os bons costumes porque nela não é o lugar para tais procedimentos, mas, no "boteco", após a ingestão de alguns cálices de alguma bebida forte, aflora com a embriaguez da pessoa algo que ela ocultava no seu dia-a-dia ordeiro e muito bem pensado, para se parecer com uma ovelha, imaculada por qualquer vício.

Na igreja, pessoas de sexos opostos "se falam e se olham" de forma respeitosa, educada e "pura", mas na boate ou na zona do meretrício, o vulcão explode e a libido contida e ocultada desde a mais tenra idade mostra-se poderosa e inerente à própria espécie humana.

Nas igrejas, quietude, bom comportamento, respeito, tolerância, humildade e devoção a Deus. Nos "jogos", algazarra, bagunça, palavrões, valentia, brigas e instintivismo primitivo, indicando que a vitória é o que interessa.

Afinal, trabalhar a derrota, o preconceito, a intolerância, as perseguições, as humilhações, as frustrações, a miséria, a doença, a incerteza, etc., isso é trabalho para as religiões e para pessoas de boa vontade, não é mesmo?

Só elas têm "muletas e amuletos", para quem se encontra nessas condições, ou não é isso que supostos "intelectuais avançadíssimos" dizem das religiões?

Não são alguns "ateus" que dizem que as religiões são o "ópio" da humanidade?

Por outro lado, nenhum sacerdote comete qualquer tipo de quebra da moral e dos bons costumes... até que sejam descobertos com a "boca na botija" ou com a mão (e outras coisas) onde não deveria colocá-la, não é mesmo?

De ambos os lados as acusações se multiplicam, com todos crendo que estão certos, certo?

– Errado! É o que nos ensina Exu Mirim, porque se todos são "farinha do mesmo saco" ou "pó da mesma terra" ou "moldados no mesmo barro", no entanto cada um é um ente em si mesmo e é regido pelo que pensa, crê e imagina sobre si mesmo.

Essa é a verdade sobre cada um e sobre todos nós. Quanto ao resto, tudo é discutível, questionável, aceitável ou refutável. Inclusive as "religiões" e os "jogos"!

A verdade de cada um só quem a vive e a aceita sabe como é. Quanto ao resto, uma vasta faixa nebulosa envolve a todos em geral e a cada um no seu particular, íntimo e pessoal, na maioria dos casos desconhecido das próprias vítimas da hipocrisia, da falsidade e da falta de uma moral íntima condizente com a que aparenta no seu dia-a-dia em seus relacionamentos pessoais, comerciais, profissionais, sociais, religiosos, etc.

Ocultam-se desejos, frustrações, complexos, ambições, invejas, mágoas, ressentimentos, humilhações, fraquezas, etc., com posturas que mais revelam que ocultam o "animal interior", instintivo e inferior, que teimamos em ocultar sob a pele do cordeiro imaculado, mas que não resiste a um confronto verdadeiro com a verdade íntima de cada um, não visualizável pelos olhos da matéria mas impossível de ser ocultada dos olhos dos espíritos, e totalmente revelada aos olhos do nosso Divino Criador Olorum e dos seus Sagrados Orixás, sempre vigilantes quanto a nós, os "espíritos humanos".

Assim somos nós, ora uns santos capazes de atos genuinamente divinos, ora capazes de ações tão desumanas que, aos olhos da divindade, nos mostramos inferiores aos animais que teimamos em classificar como irracionais.

E por aí vai o andar do andor, revela-nos Exu Mirim, o mais rigoroso dos instrumentos refreadores que Deus tem a sua disposição para fazer regredir tudo e todos que, aos olhos Dele, realmente pecam.

Afinal, diz Exu Mirim, Deus é vida, é paz e é harmonias, e tudo que contrarie a vida e o direito de todos viverem em paz e harmonia está em seu campo de ação... mas sempre uma ação reativa aos fatos acontecidos primeiro em nosso íntimo mas nem sempre concretizados à nossa volta, pois o que conta para esse Orixá são as intenções.

São elas, as intenções, que levam os seres aos mais elevados atos ou às mais terríveis ações.

Ali, no mais oculto do ser, em seu subconsciente, consciente, inconsciente ou hiper-consciente, os verdadeiros Orixás atuam. E Exu Mirim que, à falta de um nome próprio que o identifique como tal, também é um Orixá, e não seria diferente deles, atuando primeiro de "dentro para fora" para, só quando isso se torna impossível, começar a atuar de fora para dentro através de suas vastíssimas hierarquias de seres aplicadores dos seus poderes divinos e manifestadores dos seus mistérios sagrados, considerados por Ogum como os mais rigorosos do conjunto de recursos repressores da Lei Maior e da Justiça Divina.

Todos viram o rosto para o Alto quanto o mistério Exu Mirim é ativado contra uma pessoa, uma família, uma região, uma religião, uma sociedade, uma nação ou o próprio planeta Terra. Quando Exu Mirim é ativado pela Lei Maior e pela Justiça Divina, ou tudo volta ao eixo ou tudo regride à estaca zero.

Não há meio termo com esse Orixá e, ou o ser só ama ou só odeia, pois para o seu mistério não é possível um mesmo ser amar e odiar ao mesmo tempo; não é possível um mesmo ser exigir a verdade para si e mentir para os seus semelhantes; não é possível uns terem tanto e outros não terem nada, nem o direito de reclamarem com os "todos-poderosos", a injustiça a que estão submetidos quando veem seus filhos doentes, passando fome, frio e demais privações e sem o direito ao conforto, ao bem-estar e à educação que só os filhos deles podem ter.

Para Exu Mirim, não existem dois pesos e duas medidas, e o que conta não são os fatos em si, mas sim as intenções por trás deles.

No Mistério Exu Mirim refletem todas as intenções desde as mais nobres, virtuosas e elevadas até as mais chulas, viciadas e baixas porque ele gera de si, como mistério Divino, o fator intencionador, e em sua tela refletora ressonam todas as intenções em geral e cada uma em particular.

A ele, nenhuma intenção escapa e ele "sabe" que por trás de todo ato concreto houve uma ou várias intenções estimulando a concretização dele.

Logo, Exu Mirim "julga" tudo a partir das intenções que motivaram e concretizaram as ações e não elas em si e por si mesmas.

Mesmo este livro, só estou escrevendo-o por causa de minhas intenções por trás dele que são as de revelá-lo como um mistério e uma divindade do nosso Criador Olorum e de ensinar a todos os umbandistas que Exu Mirim não é o arquétipo que lhe fizeram, e sim, é um dos pilares sustentadores de tudo o que cremos e ensinamos aos nossos seguidores quando falamos que os bons evoluem e os maus regridem; que os bons são recompensados por Deus e que os maus são punidos; que os justos são amparados e que os injustos são fustigados o tempo todo.

Exu Mirim está ali, bem no limite entre o bem e o mal; entre o bom e o malvado; entre o justo e o injusto; entre o racional e instintivo; entre a luz e as trevas; entre a bondade e a maldade; entre a virtude e o vício; entre a generosidade e o egoísmo; entre a beleza e a vaidade; entre a moral e a imoralidade; entre a verdade e a falsidade; entre a lealdade e a traição; entre... tudo e todos, até entre o positivo e o negativo.

Exu Mirim, enquanto mistério divino que se autorrealiza e se aplica a tudo e a todos, vive e atua nos limites nebulosos que separam os dois lados de uma mesma coisa, ora unindo-as, ora separando-as; reunindo-as ou isolando-as; atraindo-as ou repelindo-as; fundindo-as ou antagonizando-as; evoluindo-as ou regredindo-as, tudo dependendo das intenções íntimas de cada um e de todos em geral.

Quando Xangô emitiu a sentença "quem deve paga e quem merece recebe", Exu Mirim a incorporou ao seu Mistério e, desde então, quem deve regride e quem merece evolui. No seu campo de ação, ninguém deixa de ser atuado primeiro no seu íntimo para só então, se não acontecer o reconhecimento dos próprios erros e a retificação da conduta, começará a regressão no sentido que o ser desequilibrou-se.

Para Exu Mirim não existem intenções boas ou ruins, e sim, o que elas gerarão quando saírem do nível das intenções e entrarem no das ações concretas.

Como para Exu Mirim o que vale são as intenções, então todas passam pelo crivo rigoroso do seu mistério e muito do que nós, espíritos encarnados, julgamos certo ou correto, para ele não é, e vice-versa, pois nem sempre o que julgamos errado, de fato o é.

Só para que tenham uma idéia de como as coisas são para o Mistério Exu Mirim, citamos o desejo:

O desejo, fator gerado pelo Orixá Pombagira, visa unir as partes para que, unidas por meio de certos mecanismos consciênciais e certas necessidades inerentes a elas, partes opostas acabem se ligando por vínculos que os sustentam por si mesmos, independentemente de se amarem ou se odiarem.

Assim são com os laços familiares; com os traços raciais, culturais e linguísticos; com as ligações comerciais, políticas e religiosas; com as amizades, os namoros e os casamentos, etc.

A intenção por trás dessas ligações é a de manter unidos por traços indeléveis seres nem sempre afins entre si. E, no caso do desejo, este é usado com intensidade para que os contrários unam-se por meio de necessidades comuns a ambos.

O desejo de alguém que quer estudar o faz suportar a presença de colegas indesejáveis ou a de um professor(a) antipático (a).

A união entre pessoas nem sempre é possível, mas o desejo por algo que o outro tem faz com que seja suportado até que novas condições surjam e tudo mude para melhor.

Assim é com o conhecimento, é com o poder, é com a religião, é com o bate-papo, é com o lazer, é com os namoros e até com os casamentos, em que uma das partes rompe com a outra e busca algo que realmente a satisfaça.

O fato de uma pessoa de um sexo olhar com "olhos de desejo" para uma de outro sexo, para o Mistério Exu Mirim não é um pecado, porque esse tipo de desejo é inerente às espécies e faz parte da natureza dos seus componentes machos e fêmeas, sendo que em cada uma ele se manifesta segundo mecanismos próprios a elas.

O desejo entre pessoas de sexos opostos não é codificado no Mistério Exu Mirim como "pecado". Portanto, pode desejar-se, pois por si mesmo o desejo não enviará ninguém ao inferno.

Agora, além desse ato genérico de se desejarem, quem torná-lo uma idéia fixa ou uma obsessão por outrem, aí tudo muda e a reatividade é automática, porque ninguém tem o direito de invadir a vida alheia ou impor-lhe seus desejos pessoais.

A punição está no próprio ato de desejar e não ser correspondido, pois o desejador viverá atormentado pela não possessão da pessoa desejada. E isso se aplica a todos os outros "tipos" de desejo ou do desejo por outras coisas.

Olhar algo com "olhos de desejo" mas seguir em frente e colher no seu caminho o que a vida reservou-lhe, tudo bem. Agora, parar o fluir da vida por causa de um desejo impossível ou irrealizável, aí é regressão na certa!

O próprio ato de alimentar um desejo irrealizável faz o ser que o vibra tornar-se prisioneiro dele e fechar-se a todas as possibilidades que só o enriqueceriam e aceleraria sua evolução.

Exu Mirim tem uma visão específica sobre as intenções e é a partir dela que seu mistério se realiza.

Desejar ou amar alguém, tudo bem para Exu Mirim. Afinal, só movidos pelo desejo e pelo amor, as pessoas unem-se, casam-se e multiplicam a espécie humana na face da Terra.

Agora, alimentar o desejo por alguém que não correspondeu e tudo fazer só para poder possuí-la contra sua vontade íntima, aí é o caso de mais adiante ver abrir-se em sua vida e em seu íntimo todos os horrores da noite, comandados pelo Mistério Exu Mirim.

Que o digam as pessoas que fizeram trabalhos de amarração para o "amor" e que, quando cobradas, não resistiram aos tormentos liberados contra eles pelos seus Exus Mirins executores!

Orixás, Mistérios de Olorum

Cada Orixá, independentemente do que já escreveram sobre eles, é um mistério do nosso Divino Criador Olorum, que tem neles Seus manifestadores naturais.

Cada Orixá manifesta de si poderes que transcendem nossa limitada compreensão humana, uma vez que são poderes divinos.

Assim é com cada um deles, que têm funções muito bem definidas na criação e as executam a partir de suas existências, individualizadas a partir do momento que Olorum deu início à concretização do mundo das manifestações.

Por serem em si esses poderes, é comum as pessoas interpretarem cada Orixá segundo algumas de suas funções naturais ou de associá-los a determinados aspectos da natureza e a certos elementos formadores dela.

São recursos válidos e seguros para descrever-se o indescritível.

Muito já aprendemos com tudo o que a tradição oral fez chegar até nós, mas nem tudo é o melhor e muita coisa é interpretação pessoal a partir do visível para o invisível, ou seja, de fora para dentro.

Uma ferida com seus tecidos necrosados não é a doença em si, e sim, é o resultado da ação de um agente infeccionador.

Uma pessoa com graves distúrbios mentais não é um enfermo na acepção da palavra, e sim, é o manifestador de profundos desequilíbrios, surgidos a partir de causas que ela desconhece.

Tal como esses dois exemplos negativos, temos positivos para contraporem-se a eles e mudar as condições de vida da pessoa enfermizada por uma infecção e a da que está sendo vítima de desequilíbrios de sua personalidade original.

No caso da infecção, antibióticos específicos combatem a ação dos microorganismos infeccionadores.

No caso dos distúrbios mentais existem tratamentos que combinam medicamentos e acompanhamento psiquiátrico para recuperar o ser e devolver-lhe o equilíbrio e o bem-estar.

Tudo se resume a estudar cada caso e encontrar a sua "cura".

Se em ambos os casos as duas pessoas dos nossos exemplos são classificadas de "doentes", no entanto os recursos usados e os métodos de tratamento delas não são iguais porque a infecção ataca o corpo e os distúrbios mentais atacam a mente das pessoas.

Com os Orixás acontece a mesma coisa como recursos que Deus colocou à nossa disposição para nos socorrerem nos nossos momentos de necessidades.

A sabedoria popular foi dando "corpo" e alma a cada um deles a partir da observação de suas ações e de onde elas eram mais ou menos eficazes.

O tempo e a experimentação condensaram e cristalizaram algumas funções para cada um dos Orixás que, hoje, são inquestionáveis e são aceitas naturalmente pelos seus seguidores religiosos.

- Oxalá é o senhor da fé!
- Ogum é o senhor das demandas!
- Xangô é o senhor da justiça!
- Oxum é a senhora do amor!
- Iansã é a senhora dos raios!
- Iemanjá é a senhora da vida!
- Omolu é o senhor das doenças!
- Exu é o senhor das controvérsias!
- Pombagira é a senhora dos desejos!
- Exu Mirim é o senhor... do que mesmo?

Pois é, aí nesse ponto a tradição oral e a sabedoria popular deixaram um hiato e/ou pularam algo que, ou era muito difícil de ser aceito com naturalidade ou era muito assustador... e o melhor a ser feito foi descrevê-lo como um Exu criança-peralta que gosta de atazanar as pessoas, não é mesmo?

Cadê os entendidos para descreverem Exu Mirim, suas funções na criação e do que ele é senhor?

Onde estavam eles que, ao se depararem com tão complexo e oculto mistério, o relegaram a um estado que não condiz com a verdade, pois Exu Mirim, entre todos os Orixás, é o único que pode confrontar Exu em seu próprio campo de ação e anulá-lo no seu íntimo, que é vazio?

Exu respeita todos os Orixás e suas funções na criação, mas vive confrontando-os porque, a partir do vazio, envolve tudo e todos, e todos lhe prestam reverência, ainda que não aceitem passivamente seu dualismo e vivam combatendo ou e repreendendo ações negativas feitas na imaginação dele por pessoas desequilibradas.

Já com Exu Mirim, não só não o confrontam como também evitam antagonizá-lo, porque é o único mistério da Criação conhecido por nós até o momento que retira seu estado de vazio e pode fazê-lo regredir ao estado de nada, à inoperância e impotência total.

Mas isto, Exu Mirim, enquanto mistério da criação, pode fazer com quase todos os outros mistérios.

A exceção é Oxalá, que, por sua simples presença, anula o estado do nada de Exu Mirim por completo e o ocupa integralmente com o seu estado, que é o do espaço infinito..

Na linha dos Orixás, Exu Mirim está numa de suas pontas e Oxalá está na outra. Quanto a todos os outros Orixás, Exu inclusive, todos estão entre esses dois extremos: o nada e o tudo!

Oxalá, como o senhor da plenitude (o tudo), tudo pode conceder a quem merecer.

Exu Mirim, como o senhor da inexistência (o nada), tudo pode tirar de quem dever.

Os dois extremos nunca se tocam porque se anulam, mas entre um e outro estão todos os outros mistérios como graus de uma imensa escala divina de poderes sustentadores da criação e estimuladores da evolução dos seres, em todas as dimensões da vida em suas infinitas formas.

Um dos aspectos mais complexos desse Orixá é o seu fator regredidor, capaz de fazer qualquer coisa regredir no tempo até que retorne ao estágio original da criação.

Mas esta é só uma de suas funções na criação, pois até hoje conhecemos muito pouco sobre esse Orixá que, por reger o "Nada", está numa condição anterior ao estado de Exu, que é o do Vazio Absoluto.

O que sabemos já é suficiente para tê-lo como imprescindível para o equilíbrio da criação.

Eis algumas de suas mais conhecidas funções na criação:
- Fator regredidor
- Fator esburacador
- Fator retrocededor
- Fator complicador
- Fator atrazador
- Fator azarador

- Fator apavorador
- Fator intencionador
- Fator dementador
- Fator encolhedor
- Fator envelhecedor
- Fator ocultador
- Fator avessador
- Fator recolhedor
- Fator nebulolizador
- Fator revertedor
- Fator embirrador, etc.

Esses são alguns fatores gerados por Exu Mirim, que nele são mistérios que funcionam por si mesmos sempre que algo ou alguém atenta contra a vida, a paz e a harmonia da criação.

Até aqui, só estamos comentando o Mistério Exu Mirim em si mesmo. Quanto aos seres da natureza, manifestadores das suas funções na criação, mais adiante comentaremos!

Fatores-Funções de Exu Mirim

Fatores: regredidor, esburacador, retrocededor, apavorador, intencionador, dementador, encolhedor, envelhecedor, ocultador, avessador, recolhedor, nebulolizador, revertedor, embirrador, complicador por e atrasador.

Acima, temos só alguns dos fatores gerados pelo Orixá Exu Mirim, fatores esses que nos indicam algumas de suas funções na criação. Mas há outros, tais como: bisbilhotador, espionador, idiotizador, infantilizador, zombador, desolador, desesperançador.

Fatores dos Orixás, já os comentamos em outros livros de nossa autoria, e são energias que, quando internalizadas em grande quantidade por algo ou alguém, sobrecarrega-se de tal forma que torna-se imantado por ele e desenvolve em si a qualidade (ou propriedade) indicada pelo nome deles.

Um ser que tenha dado mau uso aos seus conhecimentos e tenha usado-os para atentar contra a vida, a paz e a harmonia alheia e sofre uma atuação de Exu Mirim por meio do seu fator regredidor, começa a regredir em algum ou vários sentidos ao mesmo tempo.

Se a ação repressora for por meio do fator idiotizador, a pessoa começa a ter atitudes típicas dos idiotas consumados e fáceis de serem identificados porque, nesses sim, a ação já se consumou e idiotizaram-se por completo.

Todo fator é energia viva e divina que tem por função realizar o trabalho identificado pelo seu nome.

O fator regredidor faz regredir.

O fator idiotizador faz idiotizar.

Cada fator tem o nome de um verbo, e verbo é ação. Logo, toda ação permanente é uma função realizada por seu gerador -irradiador natural.

O Orixá Exu Mirim gera e irradia de si muitos fatores, todos eles imprescindíveis para o equilíbrio da vida, dos meios e dos seres.

Como seus fatores estão ligados ao seu estado na criação, que é o "estado do nada", então todos eles têm como funções reduzir o ser ou o meio onde ele vive ao "nada".

O principal, para nós, é o seu fator intencionador, pois é através de sua tela mental refletidora de todas as intenções que ele, enquanto mental divino, capta todas as intenções e através de sua onisciência sabe se são sustentadoras da vida, da paz e da harmonia ou se são contrárias e atentatórias a essas condições básicas para que tudo e todos evoluam.

Mas nenhum fator deixa de ser importante porque cada um é uma função e todos os fatores têm por função amparar a vida ou reprimir quem ou o que atenta contra ela e o direito de vivermos em paz e harmonia.

Alguém até pode questionar a função idiotizadora desse Orixá, porque idiotizar alguém não é uma opção positiva, mas, imaginem alguém inteligentíssimo e que põe toda a sua inteligência para prejudicar o próximo e passa a recorrer a todas as "espertezas" possíveis para lesá-los?

As espertezas, usadas de vez em quando e com fins positivos, até é relevável, ainda que não seja um recurso aceitável.

Mas, recorrer a ela o tempo todo com o propósito de subjugar, sobrepujar, superar, enganar, etc., o(s) próximo(s), torna-se uma distorção mental, consciencial e de personalidade e desencadeia a reatividade do Mistério Exu Mirim que, na sua ação contra alguém dominado pela esperteza, vai sobrecarregando-o com o fator idiotizador.

E chega um momento que a sobrecarga torna-se tão intensa que a esperteza volta-se contra o ser dominado por ela e então esse ser idiotiza-se a tal ponto que já não engana mais ninguém, pois sua antiga esperteza transformou-o num perfeito idiota.

Aqui, perguntamos só a quem não aceita a ação dos fatores e a ação dos Orixás na vida dos "espertinhos": Você não aceita essa ação porque nunca foi enganado por um espertinho no qual depositava sua confiança ou você também se sente muito esperto e não aceita como necessário haver uma divindade capaz de acabar com sua esperteza e idiotizá-lo e torná-lo alvo de comentários nada abonadores para você, que se acha superior às vítimas de suas espertezas?

Confiança se retribui com lealdade, não com atos de esperteza.

Exu Mirim nos revela que todo espertinho(a) é, logo de cara, um mentiroso, um falso e um enganador porque sempre é o primeiro a inocentar-se e a culpar outrem por seus erros, falhas e pecados.

Exu Mirim gera o fator esburacador e abre o tempo todo buracos nos domínios dos outros Orixás, pois onde recolher os espertinhos e idiotizá-los se seu domínio é sobre o estado do nada e no nada, nada existe?

Logo, ele vive abrindo buracos nos domínios (as realidades regidas pelos Orixás) alheios e recolhendo dentro deles todos os seres dominados pela esperteza, onde, aí sim, idiotizam-se por completo.

Lenda sobre os espertinhos

Segundo fontes espirituais bem informadas, Exu gabava-se de que em seu domínio natural da criação, que é o estado do vazio absoluto, nada poderia subsistir. Enquanto os outros Orixás se desdobravam para conter os desequilíbrios que iam surgindo em seus domínios, Exu gargalhava à solta, divertindo-se com a preocupação deles para evitarem que desequilíbrios isolados contaminassem o resto deles e, para irritá-los ainda mais, dizia isto:

– Nosso pai Olorum foi mais generoso comigo, pois todo ser desequilibrado que cai no meu domínio é esvaziado imediatamente, não me incomoda em momento algum e não tira o meu sossego!

E Exu gargalhava à solta, divertindo-se com a preocupação dos outros Orixás, labutando o tempo todo para manterem o equilíbrio dentro dos seus domínios.

Ele tanto se divertia à custa das preocupações dos outros Orixás que alguns já estavam a ponto de voltarem seus mistérios contra Exu, de tão irritados que estavam com as gargalhadas dele e de suas observações fora de hora.

Eis que Exu Mirim, que também irritava sobremaneira os outros Orixás (inclusive Exu) com o ato de assoviar suas irritantes musiquinhas (isso, quando ele não cisma de cantá-las, o que é mais irritante ainda), parou de assoviá-las, atraindo de imediato a atenção de todos. Inclusive a de Exu!

Com todos os olhares voltados na sua direção, ele respirou fundo, inflou o peito e deu a sua maior risada já ouvida até então por todos os Orixás.

Como ele não parava de rir e até o seu riso é irritante, pois ele gera o fator irritador, mesmo quando não tem a intenção de gerá-lo porque está rindo de algo que alguém fez contra si, fato esse que o alegra, todos estavam irritadissimos.

Inclusive, dizem que Exu Mirim quando está incorporado e solta seus risinhos (os irritantes hi, hi, hi dele) é porque está descobrindo nas pessoas, inclusive nos seus médiuns, os erros que cometeram contra si.

Logo, cuidado com o riso de Exu Mirim, com a gargalhada divertida de Exu e a gargalhada debochada de Pombagira, pois com certeza estão se divertindo com os erros alheios, inclusive com os dos seus médiuns, certo?

Afinal, não foram poucos os que, ao verem uma entidade da esquerda rindo (ou duas ou três delas só se olhando e rindo à solta), tomou-os como idiotas e julgou-os espíritos inferiores e incapazes de ajudar alguém.

Cuidado, pois por trás das risadas da esquerda estão os erros dos que se julgam espertos, dos já salvos e já à "direita."

– Cuidado, muito cuidado!

Não julguem o que desconhecem, porque por trás do riso de um Exu, seja ele adulto ou mirim, com certeza lá está a divertir-se dos erros dos que o assistem ou o procuram.

Dizem até que o Orixá Exu criou uma linha de "Exus gargalhadas" porque eles são os responsáveis por anotar os erros cometidos pelos seres e, de tantos erros que anotavam, anotam e anotarão, vivem gargalhando o tempo todo e não conseguem dizer nem o próprio nome iniciático deles.

Logo, passaram a ser chamados de "Exus gargalhadas", os que têm a obrigação de anotar todos os erros cometidos pelos seres que, julgando-se muito espertos, vivem enganando a si próprios.

Bem, voltando a essa nossa "lendinha" de Exu Mirim, que não parava de dar sua risadinha irritante, Omolu, que não é de muita conversa e não acha graça alguma nas gargalhadas e risadas dos da "esquerda", pois sabe que riem das desgraças alheias, irradiou seu fator paralisador para Exu Mirim, fazendo-o parar de imediato com aquela risadinha irritante, além do quê, ordenou:

– Explique essa sua risadinha irritante ou fique paralisado para sempre, Exu Mirim!

– Se eu não explicá-la, o senhor não desparalisará minha boca para eu voltar a rir?

– Foi o que eu disse, Exu Mirim. Explique-se!

– Tatá Omolu, se o senhor não desparalisar minha boca eu rirei para dentro, e aí, quem ficará irritado serei eu, certo?

– Certo. E daí, Exu Mirim? Melhor você irritar-se rindo para dentro que irritar a todos nós com esse seu riso incontido que indica que algum de nós cometeu um erro crasso, só que não sabemos qual de nós o cometeu.

– Exu Mirim, rir para dentro é muito pior que rir para fora, Tatá Omolu! – exclamou ele, apertando a cabeça com as mãos, gesto esse que é involuntário e não um cacoete dele.

Oxalá, que já sabia que quando Exu Mirim começa a apertar a cabeça com as mãos é sinal de insuperáveis complicações para todos os outros Orixás, voltou seus olhos para Omolu e pediu-lhe:

– Irmão paralisador, é melhor desparalisares Exu Mirim, pois com ele rindo para fora irrita-nos, mas, como ele rindo para dentro, aí quem se irritará serão os que vivem no lado de dentro da criação, inclusive nosso pai e nosso Divino Criador Olorum, sabe?

– Já estou sabendo, Oxalá... e desparalisando a boca dele. Mas um dia ou uma noite dessas, eu aplico um corretivo inesquecível em Exu Mirim, sabe?

– Já sei dessa sua intenção... e ele também, meu irmão irritado.

Bom, o fato é que Exu Mirim teve sua boca desparalisada por Omolu, mas não voltou a rir, pois ficara embirrado com o fato de ter que rir para dentro.

E, embirrado, nada mais fez ou falou, fato esse que fez com que todos os outros Orixás se recolhessem aos seus domínios antes que também se embirrassem.

O tempo passou e nada de Exu Mirim desembirrar-se e emitir um só risinho ou um dos seus assoviares irritantes.

Como Exu Mirim se recolhera ao seu domínio na Criação, que é o Nada, suas funções deixaram de ser executadas e, pouco a pouco, tudo foi fugindo ao controle dos outros Orixás, pois os espertos começaram a multiplicar-se em seus domínios e, de esperteza em esperteza, estavam atrapalhando a evolução dos seres.

Como resultado, seus domínios estavam regredindo para dentro enquanto os seres regidos e amparados por eles regrediam para fora.

O descontrole total avizinhava-se a "olhos vistos!"

Todos os Orixás sabiam que o que estava acontecendo tinha a ver com o recolhimento total de Exu Mirim ao seu domínio, que é o nada. Mas nem assim se irritavam porque ele já não irradiava seu fator irritador.

Oxalá, vendo o descontrole total muito próximo devido à proliferação dos espertos e das espertezas como meio de relacionamento dos seres, convocou uma reunião extraordinária de todos os Orixás.

Todos, menos Exu Mirim, compareceram a ela, fato esse que os teria irritado, mas, pela ausência dele, nem isso aconteceu!

Foi uma reunião apática, em que cada um expôs suas dificuldades em combater a disseminação da "esperteza" como forma de relacionamento entre os seres regidos por eles e abrigados em seus domínios.

Exposição daqui, exposição dali, e nada de se achar uma solução.

Então Oxalá convocou Orumilá e determinou-lhe que revelasse o que podia ser feito para que Exu Mirim voltasse a executar suas funções na criação.

Orumilá, o adivinhador divino, consultou todos os seus métodos divinatórios até que, por meio de um deles, descobriu que a razão de Exu Mirim ter "avessado-se", devia-se à intenção de Omolu aplicar-lhe um corretivo inesquecível.

Muito se discutiu até que Orumilá revelou que o único jeito de desavessarem Exu Mirim era todos, ao mesmo tempo, enviarem-lhe oferendas desavessadoras, acompanhadas da garantia de que ele poderia rir à vontade das desgraças alheias, que ninguém nunca intentaria qualquer corretivo, exemplar ou não, contra o que nele é natural: rir das desgraças alheias!

Oferenda e compromisso aceitos, eis que Exu Mirim desavessou-se e saiu de dentro do Nada, voltando a irradiar seus fatores e executar suas funções na criação, fato esse que não agradou nem um pouco os seres espertinhos que, de um momento para outro, começaram a idiotizar-se, fato outro esse que fez Ogum fazer uma observação que Oxalá tornou Lei na criação.

A observação de Ogum foi esta:

– É mais fácil proteger um idiota que ter que se defender das mentiras, das falsidades, das deslealdades e das enganações de um espertinho!

A lei proferida por Oxalá, pensada em cima dessa observação de Ogum é esta:

– Todo aquele que proteger um ser idiotizado ficará livre das espertezas dos espertinhos!

Mas Oxalá, preocupado com a irritação causada pelos risos de Exu Mirim e pelas gargalhadas de Exu e Pombagira, também pronunciou outra lei na criação: só ficariam irritados quem a eles fossem destinadas as gargalhadas deles.

Com essa nova lei promulgada por Oxalá, dali em diante as reações hilárias aos erros alheios não incomodou a mais ninguém além de quem tinha errado e, até hoje, toda vez que alguém se ferra, digo erra, sempre faz alguém sorrir à solta (gargalhar).

O fato é que após essa nova lei começar a existir Exu Mirim voltou a dar seu riso irritante e todos, ou quase todos continuaram com seus afazeres sem se incomodarem com ele. O "quase todos" acima referia-se a Exu que, se antes se divertia com o jeito de Exu Mirim gargalhar, naquele momento ficou irritado, fato esse que atraiu a atenção de todos, pois só então perceberam que ele era o "motivo" da hilaridade do seu homônimo infantil.

Já muito irritado, Exu perguntou a Exu Mirim:

– E aí, Exu Mirim, qual é a graça? Porque não estou achando nem um pouco de graça nesse seu risinho irritante, sabe?

– É, já estou sabendo, Exu adulto. Inclusive, nem sei por que antes estavas gargalhando se eras o alvo do meu riso!

– Como é que é? Explique-se, Exu Mirim!

– Pois não, Exu adulto! O caso é o seguinte: toda vez que os outros Orixás ficavam atarefados e preocupados devido às condutas dos seres regidos por eles, você se divertia e gargalhava até não mais poder, porque se julgava muito esperto por ter aceitado reger o vazio, onde tudo e todos que caem nele imediatamente são esvaziados e não perturbam o seu sossego, certo?

– Isso é certo, Exu Mirim.

– Então dê uma olhada melhor no seu vazio e descobrirá que ele está mais esburacado que uma peneira, sabe?

– Ainda não sei. Mas acho que o seu fator esburacador tem alguma coisa a ver com o fato do vazio estar mais esburacado que uma peneira, certo?

– Certíssimo, Exu! Você gera o fator "espertador" que torna esperto quem o absorver. Logo os buracos que eles abrem sob os próprios pés com suas espertezas atravessam o vazio e chegam ao meu domínio, que é o do Nada!

– Quer dizer que todos os espertinhos que irritam e dão um trabalho enorme aos outros Orixás, na verdade estão esburacando os meus domínios e caindo nos seus?

– Foi o que eu disse, não?
– É, foi sim.
– E então, você vai continuar a rir dos outros Orixás por causa das encrencas que os espertinhos criam nos domínios deles dificultando-lhes o amparo aos que são lesados por eles?
– Dos outros Orixás não. Mas dos espertinhos e dos buracos que abrem sob seus pés, direto para o Nada, não há como não rir, Exu Mirim. Ainda mais, sabendo que não param nos meus e caem direto nos seus! Há, há, há...
Exu descontraiu-se e recolheu-se no Vazio. Nele, há gargalha à solta toda vez que vê um espertinho passando rapidamente por seu domínio e caindo no de Exu Mirim. Só que, daquele momento memorável em diante, suas gargalhadas não incomodaram mais os outros Orixás, ainda que o mesmo não acontece com os espertinhos que, ainda que não saibam por quê, não gostam nem um pouco de ouvi-lo gargalhar.

Moral dessa lenda:
– Não ria da desgraça alheia e comece a olhar para baixo dos próprios pés caso, em uma gira de esquerda, as gargalhadas de Exu e as risadinhas de Exu Mirim o irritarem, certo?

Funções Divinas do Mistério Exu Mirim

Cada Orixá, independentemente de sua descrição corrente na Umbanda, já de conhecimento geral, é fonte de novas informações sobre suas características divinas.

Além do que já é de "conhecimento público", cada Orixá é em si um poder realizador divino que exerce incontáveis funções, tanto relacionadas à evolução dos seres quanto à manutenção dos meios que os abrigam.

Nos meios, os Orixás atuam através dos elementos formadores da natureza. Nos seres, os Orixás atuam através dos sentidos (fé, amor, lei, justiça, etc.)

Com o Orixá conhecido por nós como Exu Mirim não é diferente, ainda que na mente de muitos ele seja só um Exu "criança".

Mas esse conhecimento mais o oculta que revela sua importância para a manutenção da paz, da harmonia e do equilíbrio na Criação.

Em um livro de nossa autoria, denominado *Código de Umbanda*,* afirmamos que, quando da fundamentação divina

*Lançado pela Madras Editora.

da Umbanda no seu lado espiritual, o grau "Exu" assumiu a manifestação dos seres que vivem e evoluem à esquerda da dimensão espiritual humana da vida.

Também revelamos que a dimensão natural de Exu é a primeira à nossa esquerda e que, por terem de "passar" por ela para chegar à humana, todos os manifestadores de mistérios à nossa esquerda que quisessem atuar na Umbanda teriam de apresentarem-se como Exus se masculinos e como Pombagira se femininos.

Isso está escrito lá e aqui vamos descrever a dimensão onde vivem os nossos queridos "Exus Mirins".

A dimensão natural onde vivem e evoluem os seres encantados da natureza denominados "Exus Mirins" é a sétima à esquerda da dimensão humana.

A primeira é a dimensão de Exu e a sétima é a desses seres encantados da natureza, todos de "compleição física" (aos olhos dos videntes, é claro) troncudos e de baixa estatura.

O fato é que têm uma aparência diferente da nossa, a humana, e são como são porque assim Deus criou essa sua "espécie" de seres da natureza, e ponto final.

Nessa sétima dimensão à nossa esquerda eles vivem e evoluem em um meio ou dimensão da vida criada para eles pelo nosso Divino Criador Olorum.

Eles são como são e não temos que questioná-los quanto às suas aparências físicas ou ao modo de atuarem porque isso compete ao nosso Divino Criador e a ninguém mais.

N.A.: Quando começam a incorporar em seus médiuns, pouco a pouco vão assumindo feições humanas e chega um momento que, sem exagero algum, assemelham-se aos *hobbits* do filme "O Senhor dos Anéis".

Há Exus Mirins negros, brancos, albinos, avermelhados, etc., todos com os cabelos "encaracolados", iguais aos dos povos africanos.

No meio onde vivem e evoluem, são o que são: mais uma espécie de espíritos da natureza.

Mas essa dimensão é regida por uma divindade ou Orixá que tem inúmeras e importantíssimas funções na criação, ainda que para muitos elas não sejam nada agradáveis ou "boas" porque se destinam a reprimir justamente os seres que atentam contra a paz e a harmonia da vida.

Esse Orixá, cujo nome consta entre os não revelados na Teogonia Nagô ou Yorubana, tanto no Candomblé quanto na Umbanda aparece através da manifestação desses seres encantados da natureza que quando incorporam em seus médiuns apresentam-se como "Exus Mirins".

Mirim, como vocês sabem, é uma palavra tupi-guarani que significa pequeno, tanto para um objeto e criança como para uma pessoa ou entidade.

Nos gêmeos Ibejy, ele é o da esquerda, enquanto na linha das "crianças" da Umbanda, o outro é o da direita.

Essa divindade tem uma importância religiosa de primeira grandeza para nós porque ela é a responsável por gerar e irradiar para todas as outras dimensões planetária da vida o seu mistério, cujas vibrações transportam seus fatores.

Como já sabem, um fator é uma micropartícula (a menor de todas), que é energia viva já programada na sua geração para realizar um trabalho específico.

A seguir, terão o nome de alguns dos muitos fatores gerados por esse Orixá cujo nome sagrado não nos foi revelado e que, na Umbanda, o conhecemos como Orixá Exu Mirim.

- Fator regredidor
- Fator ocultador
- Fator escondedor
- Fator irriquietador
- Fator retrocededor

- Fator esburacador
- Fator complicador
- Fator embirrador
- Fator encolhedor
- Fator apavorador
- Fator avessador
- Fator atrasador
- Fator envelhecedor
- Fator retrocedor
- Fator recolhedor
- Fator dementador
- Fator nebulolizador
- Fator idiotizador
- Fator alterador
- Fator rebaixador
- Fator podador
- Fator empacador
- Fator espichador

Aí têm alguns dos fatores gerados naturalmente e irradiados o tempo todo por esse Orixá conhecido na Umbanda como Exu Mirim.

Vamos comentar alguns:

Fator Regredidor

O fator regredidor é gerado e irradiado continuamente pelo Orixá Exu Mirim e é espalhado na criação através de ondas vibratórias fatorais também denominadas como ondas regredidoras.

Essas ondas fatorais regredidoras são classificadas como negativas porque só se ligam ao mental dos seres que estejam passando por um profundo desequilíbrio consciencial e estejam recorrendo de forma negativa aos seus conhecimentos para prejudicarem seus semelhantes.

Elas vão, lentamente, condensando-se e afixando-se no mental do ser e a partir dele começam a desequilibrá-lo e "fechá-lo" através do sentido que está sendo usado para prejudicar o próximo.

Justamente no sentido usado (fé, amor, conhecimento, justiça, lei, evolução e geração são os sete sentidos) para prejudicar o próximo, as coisas começam a complicar-se e a dar tudo errado. E quanto mais a pessoa atuada persistir no erro mais intensa torna-se a reatividade do fator regredidor, chegando a um ponto que a pessoa perde a noção das coisas e do bom senso e começa a ter atitudes e a praticar atos contrários à razão sem que disso se aperceba e torna-se obsessivo ou fanatizado, chegando à beira do ridículo, tornando-se vítima do sarcasmo e das pilhérias alheias.

Uma pessoa nesse estado passa a alimentar idéias fixas e obsessivas tão acentuadas e tão perceptíveis pelos seus semelhantes que estes começam a chamá-la de idiota.

É nesse ponto, quando o fator regredidor alcança a carga máxima suportada pelo mental do ser atuado pelo Mistério Exu Mirim, que daí em diante entra em ação um segundo fator, denominado "idiotizador", que começa sua atuação de forma imperceptível e, pouco a pouco, bloqueia as faculdades cognitivas.

Aos poucos, a pessoas atuada torna-se tão "idiota" que já não tem noção do que faz e age mais por instinto que pela razão e, mesmo que todos o alertem para não fazer tal coisa porque irá prejudicá-lo, ainda assim ele faz porque, com a razão embotada, acredita que todos estão contra ele ao não quererem que faça tal coisa que, aos seus instintos, lhe será ótima.

Fator Intencionador

Exu Mirim gera de si o fator intencionador cuja função na criação é secundar os instintos que, sem uma intenção aceitável pelas leis mantenedoras da criação, torna-se crueldade pura.

Como exemplo do que acabamos de afirmar, citamos a cadeia alimentar existente entre os bichos (todas as espécies animais, todas instintivas) que só atacam, matam e devoram os de outras espécies se estes servirem para alimentá-los e mantê-los vivos.

Um bicho carnívoro não ataca outros se não estiver faminto, mas, caso se sinta ameaçado, seja pela fome ou por qualquer outra causa, seu instinto de sobrevivência aguça seus sentidos básicos e auxilia-o a escapar da morte.

Os bandos de leões, por exemplo, sempre "acampam" perto de manadas de outros animais e só atacam algum quando ficam famintos. Mas, enquanto isso não acontece, não os incomodam.

Enfim, só atacam quando estão famintos ou quando se sentem ameaçados por espécies hostis.

Portanto, por trás dos ataques violentos dos leões a outras espécies está a intenção de sobreviverem.

Leões bem alimentados e à distância não oferecem perigo a ninguém!

O instinto de sobrevivência preserva as espécies animais e suas ações sempre são secundadas por intenções aceitáveis pelas leis conservacionistas da criação, perante as quais o ato de alimentar-se ou de defender-se para preservar a própria vida são vistos como aceitáveis.

À espécie humana aplicam-se as mesmas leis conservacionistas e não são poucas as pessoas que já tiveram que se defender da ação de outras movidas por intenções negativas e destrutivas. Estas são chamadas de "má-intencionadas".

Mas também não são poucas as pessoas que ajudam o próximo movidos por intenções construtivas e são chamadas de pessoas "bem intencionadas".

Enfim, o fator intencionador é importantíssimo e intenções positivas nos levam a ações virtuosas, enquanto intenções negativas nos levam a ações condenáveis aos olhos das leis divinas. Uma das muitas funções de Exu Mirim é atuar sobre as pessoas (ou espíritos) mal-intencionados, ou seja, movidos pelo desejo de destruírem a vida dos seus semelhantes!

Inclusive, para ilustrar essa função do Orixá Exu Mirim, temos uma lenda que a ilustra muito bem porque aborda o amor e a beleza, colocados por alguns como fundamentais nos relacionamentos, enquanto outros preferem outros predicados. Vamos a ela!

Lenda de Exu Mirim e as segundas intenções

Com o primeiro acordo fechado entre Exu e Oxalá (esta outra lenda está no *Livro de Exu**) e com a primeira lei da criação exterior promulgada pelo segundo Orixá exteriorizado por Olorum, o hábito de oferendar-se uma divindade para poder fazer algo foi difundindo-se até que virou uma regra.

No início, a segunda intenção de Oxalá ao "presentear" Exu com um líquido que não se diluía no vazio absoluto era a de poder criar um líquido que aplacasse sua sede, mas sem ter que esvair no vazio os que não a saciaram mas serviriam para outras finalidades.

Hoje, depois de tantas oferendas já feitas com as mais variadas segundas intenções, elas tornaram-se um mistério em si mesmo porque, uma vez que o oferendado fica sujeitado à segunda intenção do oferendador, leis reguladoras e regulamentadoras delas foram criadas posteriormente pelos Orixás tornando-as um mistério em si mesmo porque têm funcionalidade.

Mas, lá atrás no tempo, quando só existia o Vazio, já não absolutamente vazio, porque Oxalá vivia enviando-lhe o

---

*N. E.: *Livro de Exu*, Rubens Saraceni, Madras Editora.

primeiro líquido que descontraíra Exu, e mais alguns que posteriormente também tinham esse efeito e só existia o Espaço Infinito, não tão infinito, porque estava contido dentro do Vazio Absoluto, as regras ainda não estavam totalmente definidas e só foram surgindo em função das necessidades de cada um dos Orixás posteriormente exteriorizados por Olorum.

Foram criadas tantas regras que chegou um momento que Oxalá dotou o ato de oferendar, de princípios imutáveis e autorrealizáveis.

Inclusive, em dado momento das discussões entre os Orixás para o estabelecimento desses princípios, Exu Mirim emitiu uma frase que posteriormente iria ferrar todo o mundo criado e seus habitantes, que são os espíritos, os seres naturais e as demais espécies animadas pelo instinto de sobrevivência.

A frase emitida por Exu Mirim foi lapidar e encerrou o assunto em pauta convencendo com argumentos irrefutáveis e comprováveis. Vamos a Ela!

Oxum, que rege sobre o amor e a beleza, em dado momento da calorosa discussão dos princípios falou isto:

– O amor, por si só, não traz em si uma segunda intenção porque é algo inerente a Olorum e está presente no íntimo de todos os seres, criaturas e espécies criadas por Ele, assim como a beleza também não comporta uma segunda intenção porque tudo o que Ele cria traz em si uma beleza própria.

Todos os Orixás voltaram seus olhos para a mais amorosa e a mais bela das Orixás femininas, como que à espera de uma explicação. Ela então convidou-os a voltarem seus olhos para o futuro e confirmarem suas afirmações por meio dos seres que só bem mais adiante Olorum exteriorizaria, assim como às coisas que formariam, os meios onde eles viveriam e evoluiriam.

E, de fato, os Orixás viram mães amando seus filhos sem pré-condições; viram homens e mulheres se amando sem pré-condições; viram seres se auxiliando sem pré-condições.

Também, os olhos divinos dos Orixás imediatamente identificaram a beleza inerente a cada criação.
Vendo que ninguém a obliterava, toda orgulhosa, falou:
– Por isso, Exu, o amor e a beleza devem ficar de fora do acordo das oferendas!
Exu, o Orixá que havia solicitado uma reunião geral extraordinária para discutir sobre o que cada Orixá deveria conceder ao Vazio absoluto, que a nada cria mas a tudo influencia pela sua simples existência, presença ou ausência nas coisas criadas, já ia aceitando os argumentos de Oxum quando Exu Mirim aparentemente, e só aparentemente desatento, interviu e falou:
– Pare aí mesmo, Exu adulto! Pare antes que você se ferre de tal forma que nem Ogum, o ferreiro oficial da criação, conseguirá desferrá-lo!
– O que eu ia dizer é tão grave assim para mim, Exu Mirim?
– De tão grave que é, prefiro nem pensar no tamanho da ferradura, digo da ferrada que você ia arranjar para você, Exu adulto.
– Exu Mirim, tudo bem que sua segunda intenção ao me interromper foi <u>evitar</u> que eu me ferrasse mais ainda do que já me ferraram com essas regras e princípios que Oxalá vem emitindo desde que teve início essa nossa reunião...
– Atrasada justamente por quem? – perguntou Pombagira, olhando significativamente para Exu Mirim... que <u>desviou</u> os olhos do dela e fez de conta que não tinha nada a ver com o atraso do início de tão importante reunião.
Exu, para não <u>perder</u> o fio da meada, aproveitou-se de que todos haviam voltado os olhos para Exu Mirim, o <u>atrasador</u> oficial da criação no lado de fora de Olorum e perguntou-lhe:
– Por acaso, ao dizer que "não queria pensar no tamanho da ferradura que eu ia arranjar para mim", sua segunda intenção foi a de comparar-me aos burros ou cavalos de carga?

– Nem dê espaço no seu vazio a tamanha injúria, Exu adulto! Foi só um erro de palavras, nada mais! Além do mais, eu me corrigi no ato, certo?
– Isso você fez rapidamente, mas que havia uma segunda intenção na palavra "ferradura", isso havia. – afirmou Ogum o anotador oficial de tudo que é dito e feito na criação.
– Explique-se, Exu Mirim! – exclamou Exu, irritadíssimo.
– É, faça isso, Exu Mirim! – exigiu Oxum meio contrariada com a intervenção dele que complicou repentinamente algo que já estava praticamente definido, que era deixar o amor e a beleza de fora do acordo sobre as segundas intenções.

Exu Mirim, vendo Oxum meio contrariada, tratou logo de se explicar, pois caso ela fique totalmente contrariada, seu contrariador corre o risco de ser desagregado e diluído integralmente.

Contemporizando, ele falou rápido:
– Tudo bem, tudo bem e tudo bem! Vou explicar-me em poucas palavras!

"O fato de o amor e a beleza não poderem ficar de fora do acordo dos ebós deve-se não a eles em si, mas sim, às suas funções na vida dos seres.

O amor e a beleza não só despertam segundas intenções como terceiras, quartas, quintas, etc.

E, tanto as despertam que serei obrigado a vigiá-los o tempo todo e fazer regredir a tantos que precisarei fazer um acordo em separado com Exu adulto para recolhê-los no seu vazio absoluto e outro com Pombagira para enviá-los para os seus abismos infinitos ou não caberão em meus buracos sem fundo!"

Todos os Orixás, abismados com a segurança e inflexibilidade de Exu Mirim ao emitir aquelas palavras, atinaram com o que só ele havia percebido sobre o amor e a beleza.

De fato, por trás do "amor" há tantas intenções que é melhor não enumerá-las aqui. E, por trás da beleza há tanto uso com segundas intenções que, ou os que a possuem tomam cuidado com o uso dela ou acabam caindo em algum dos temidos buracos de Exu Mirim, o esburacador oficial da criação e que já não sabe onde mais pode abri-los para recolher tantos seres que regrediram, pois mesmo eles não tendo fundo e sempre caber mais um tolo envaidecido pela beleza ou assoberbado pelo amor, todos os que ele já abriu estão transbordando, justamente porque não atinaram com suas segundas intenções quanto ao amor e à beleza.

Oxum não só se descontraiu novamente como compadeceu-se de Exu Mirim e de sua sina como o Orixá gerador natural do fator regredidor da criação exterior do Divino Criador Olorum.

A função dele como regredidor não era a pior nem a mais difícil entre as piores e as mais difíceis. Mas que não é fácil ver um ser humano racional e pensante regredir ao estado de uma ameba por causa da vaidade e da soberba, isso não é! Que o diga Exu Mirim que, de tão oprimido que ficou por ver o que teria que fazer com tantos o tempo todo só por causa das segundas intenções por trás do amor e da beleza, pediu a Oxalá:

– Babá pensador, pense aí um líquido parecido com aquele que o senhor criou e deu para Exu adulto, mas que sirva para desoprimir-se, senão serei esmagado de dentro para fora por essa opressão que está brotando em meu íntimo.

Ser esmagado de fora para dentro, todos conheciam e sabiam o que e como era. Agora, ser esmagado de dentro para fora era algo novo naquele instante da criação, e que foi a muito tempo atrás, sabem?

Era uma revelação e tanto aquela de Exu Mirim, que só a fez porque a opressão em seu íntimo havia superado sua capacidade de ocultar tudo o que traz oculto em si.

Então, mais que depressa, Oxalá pensou e criou um líquido desoprimidor para Exu Mirim, que o sorveu de uma só vez e emitiu uma frase que faria história no decorrer dos tempos, ainda que dita por outros e em outro contexto.

– Babá, sirva-me mais uma dose, por favor!
– Exu Mirim, essa quantidade não foi suficiente para desoprimi-lo? – perguntou-lhe Oxalá, admirado com o fato de ele ter bebido todo aquele líquido desoprimidor de uma "talagada" só.
– Babá pensador, ver seres belíssimos se amando é uma coisa boa, mas ter que emburacar a criação por causa das segundas intenções por trás do amor e da beleza, não queira pensar no quanto é ruim, senão aí nós nos ferraremos de vez!
– Explique-se, Exu Mirim! – exigiu Oxalá, descontente com aquele modo dele falar.
– Eu me explico, Babá pensador! O senhor ficará tão descontente com as coisas que acontecerão por causa das segundas intenções por trás do amor e da beleza e se entristecerá tanto que ficará impossibilitado de criar qualquer outra coisa daí em diante, sabe?
– Já estou sabendo, Exu Mirim. E tanto estou sabendo que vou pensar um líquido que também apague o meu descontentamento e suprima minha tristeza. É só uma medida preventiva, sabem? – falou Oxalá, ao ver todos os Orixás olhando-o com olhares indagativos devido a essa sua criação antecipada para minorar os estragos, digo, os efeitos das segundas intenções, existentes não só por trás do amor e da beleza, mas de tudo mais no dia-a-dia dos espíritos.
Exu Mirim, ainda meio oprimido, perguntou:
– E aí, Babá? O senhor vai servir-me outra dose desse seu líquido desoprimidor, ou não?
– Vou sim, pequenino Exu Mirim (pois Exu Mirim oprimido e esmagado de dentro para fora vai diminuindo de tamanho), só aguarde um pouco para eu criar esse meu outro líquido preventivo; assim, pela primeira vez, Oxalá e Exu Mirim beberão juntos, sabe?
– Já estou sabendo Babá... que, quando Exu Mirim beber uma dose desse líquido desoprimidor, Oxalá estará bebendo outra do seu líquido desentristecedor.

— Essa não! — exclamou Exu, já meio taciturno.
— Qual é o problema deles sorverem uma dose do líquido que os desoprimam e os desentristeçam, Exu? — perguntou-lhe Pombagira.
— Você não percebeu que a opressão e a tristeza, de agora em diante, andarão juntas, digo, acontecerão simultaneamente?
— E daí? Qual o problema de alguém oprimido sentir-se triste e vice-versa?
— Só opressão ou só tristeza, tudo bem, pois não geram encrencas. Mas, as duas juntas geram uma encrenca quase insolúvel, sabe?
— Ainda não sei, mas estou começando a desconfiar que...
— Não diga mais nada, Pombagira. — pediu-lhe Ogum, que percebera que a reunião estava desviando-se do seu objetivo inicial.
— Mas eu só ia dizer que...
— Pombagira — falou Ogum — Você não percebeu que já não estamos discutindo a normatização das oferendas e sim que nos desviamos da razão dessa reunião geral?
— Comigo é assim mesmo, Ogum! Quando fico zangada não percebo mais nada.
— Por que você está zangada?
— Minha zanga se deve ao atraso do início dessa reunião. Deixei tantas coisas por fazer só para chegar aqui na hora e tive que aguardar um tempão na ociosidade até que, não vou citar nomes, um certo Orixá atrasador chegasse para que, finalmente, tivesse início!
— Isso, essa sua zanga tem a ver com o fato de você gerar o fator apressador, Pombagira. — afirmou Ogum — Se não fosse por essa razão não ficaria zangada tão facilmente, sabe?
— Já estou sabendo, para azar meu, pois ele gera o fator azarador, que eu e esse Orixá atrasador oficial da criação não só não temos nada em comum como estamos nos dois pólos opostos de uma mesma linha.

Enquanto eu vivo apressando os acontecimentos, ele vive atrasando-os. Que sina a minha! Logo com quem eu tinha que estar ligada na linha da evolução!

– Tudo tem sua razão e sua explicação, Pombagira. – falou-lhe Oxalá, já entregando-lhe uma taça com um líquido que a "deszangaria", ao que ela perguntou:

– O que é esse líquido, Babá criador?

– Bom, ainda não tem um nome, mas, no futuro, será chamado de champagne, e será muito apreciado por você. E tanto será, que uma oferenda a você não estará completa se não contiver uma taça dele, sabe? Falou Oxalá.

– Já estou sabendo, Babá! – exclamou Pombagira, voltando a alegrar-se e a dar suas gostosas gargalhadas.

Ogum, vendo-a descontraída, pediu:

– Babá Oxalá, podemos retomar nossa reunião?

– Podemos sim, Ogum...

– De jeito nenhum, Babá! Antes Exu Mirim tem de explicar sua segunda intenção quando afirmou que eu estaria ferrado, sabe?

– Sei sim. Mas ele já não fez isso ao demonstrar que por trás do amor e da beleza também existem segundas intenções?

– Eu não acho que tenha feito isso. – falou Exu, meio irado com o fato de Exu Mirim ter usado a palavra "ferrado" numa alusão a uma encrenca que a aceitação dele de que o amor e a beleza ficassem de fora do acordo dos ebós, digo, das oferendas, lhe arranjaria.

– Está certo, Exu! – concordou Ogum que, voltando-se para Exu Mirim, ordenou-lhe: – Explique-se a Exu, Exu Mirim!

– Eu me explico, Ogum! – exclamou ele, já desoprimido e descontraído, pois sorvera uma segunda e uma terceira dose do líquido desoprimidor (ou desopressor, sei lá).

Exu, caso você aceitasse que o amor e a beleza ficassem fora do acordo dos ebós, Ogum ia colocá-lo a ferros, pois por

trás do amor e da beleza quase todas as segundas intenções relacionadas a eles têm a ver com os fatores que você gera de si e esvaziam os seres vaidosos e soberbos, sabe?
— Essa não, Exu Mirim!!!
— Essa sim, Exu adulto, os seres que serão "esvaziados" por você acharão só o amor e a beleza como fatores indispensáveis para a multiplicação da vida, pois os outros, os plenos, exigirão além do amor e da beleza que exista o caráter, a honestidade, a fidelidade, a lealdade, o compromisso, a resignação, etc., etc., e etc., sabe?
— Ainda não me sinto satisfeito com sua explicação, Exu Mirim.
— Ora, você seria responsabilizado por todos os problemas, encrencas e dramas que não teriam solução através de um ebó, sabe? Assim, eu não veria meus buracos sem fundo serem preenchidos até transbordarem porque todos iriam para o seu vazio absoluto, onde se esvairiam totalmente.
— Puxa! Você até que me fez um favor, não?
— Nem pense em favor, Exu adulto. Só o livrei de ter que aguentar as reclamações, os lamentos e as...
— Não fale mais nada, Exu Mirim. Nem quero saber nada mais que as matrizes geradoras profeririam se suas hereditariedades fossem esvaídas no meu Vazio absoluto.
— Então você concorda que o livrei de uma ferrada e tanto?
— Concordo, Exu Mirim.
— Muito bem! Então, que tal discutirmos agora uma oferenda sua por eu tê-lo livrado do que as mães da vida, com certeza, atribuíram a você ou aos seus fatores?
— Discutir uma oferenda?! Que conversa é essa, Exu Mirim?
— Essa era a minha terceira intenção, sabe?
— Não sei não. Explique-se, Exu Mirim! — exclamou Exu adulto, muito irado com a existência de uma terceira, e sabe-se

lá quantas outras intenções dele ao livrá-lo de uma encrenca sem tamanho e sem fim.

– Bom, já que a reunião tem por objeto a discussão das oferendas, minha terceira intenção ao livrá-lo foi receber de você uma do seu Vazio absoluto para eu incorporar aos meus buracos sem fundo, sabe?

– Já estou sabendo... que com Exu Mirim, junto com a oferenda dele, sempre tem que ir a "alma" do oferendador, certo?

– Errado, Exu adulto. Eu achei que buracos sem fundo e com o seu vazio absoluto dentro deles irá facilitar o trabalho interminável que assumi ao livrá-lo de uma encrenca sem fim pois, junto com os lamentos virão as pragas, as maldições, os...

– Pare aí mesmo, Exu Mirim! Oferenda aceita e entregue... e não se fala mais nesse assunto, certo?

– Certíssimo, Exu adulto! – exclamou Exu Mirim, dando a seguir uma de suas risadinhas marotas.

Moral da lenda:

Pouco importa para Exu Mirim o que fazemos, pois para ele o que conta (e nos condena ou nos absolve) são as intenções por trás dos nossos atos, pensamentos e sentimentos.

Fator Controvertedor

Outro fator importantíssimo é o controvertedor, que tem como função criar controvérsia e permitir "visões" a partir de outros ângulos.

Controvérsias geram discussões, ora complicadoras, ora esclarecedoras.

Controvérsias estão associadas a versões ou pontos de vista dos fatos, e nos meios jurídicos as controvérsias só cessam quando se estabelece uma jurisprudência sobre determinado assunto.

– Quem gera o fator controvertedor?

– É ele, Exu Mirim, o mais controvertido dos Orixás. Inclusive, nunca chegaram a um acordo sobre se ele é um Orixá ou foi criado por Olorum, justamente para que eles, exteriorizados na sua morada e criação exterior, tivessem em Exu Mirim um complicador que os obrigassem a estabelecer procedimentos tão claros, objetivos e precisos que não deixariam brechas para nenhum tipo de contestação por parte dos espíritos, que são especialistas em gerar versões tão controvertidas entre si que vivem se antagonizando por qualquer coisa, até as mais insignificantes possíveis.

Inclusive, há uma lenda sobre quem ou qual foi o Orixá

a assumir o lugar de primogênito na criação exterior do nosso Divino Criador Olorum, lenda essa que é muito reveladora, ainda que tenha sido mantida oculta até agora, porque nela Exu Mirim perdeu a primazia para o Orixá Exu, tido e aceito desde então por todos os outros Orixás como o primogênito.

Inclusive, revela-nos uma fonte bem informada que muitas lendas importantíssimas e fundamentais para o entendimento das funções divinas dos sagrados Orixás só não se tornaram conhecidas porque Exu Mirim as ocultou com seu fator ocultador só porque os resultados delas não lhes foram muito favoráveis.

Essa mesma fonte "oculta" nos revelou também que Exu Mirim tem o hábito regular de ocultar tudo o que lhe é desfavorável, mas não mede esforços para levar ao conhecimento de todos o que é desfavorável aos outros.

Sem faltar ao respeito com ninguém, pois não é essa a nossa intenção, alguém deve ter sido inspirado por alguma "força oculta" quando afirmou que "o diabo ajuda a fazer mas não ajuda a esconder".

Até mesmo sobre a autoria dessa célebre frase há controvérsias, sabem?

Bem, vamos à nossa lenda, certo?

Lenda da primeira controvérsia na criação exterior

Conta-nos uma lenda que nos primórdios da Criação, ou seja, no início dos tempos, quando os Orixás ainda estavam sendo "assentados" por Olorum na sua morada exterior, todos eles se reuniram no domínio de Oxalá, que é o espaço infinito, para deliberarem sobre qual deles deveria ser o primeiro a ser oferendado e assentado pelos humanos quando esses surgissem na face da Terra, muito tempo depois.

Oxalá antecipou-se em tanto tempo antes do surgimento, não só da espécie humana mas até o do próprio planeta Terra, por causa do poder de criar controvérsias dessa espécie de espíritos criada por Olorum.

Quando questionado por Ogum sobre o porquê de tanta antecipação, Oxalá explicou-se:

– Ogum, meu irmão aplicador da lei na vida dos seres, os espíritos humanos são tão complicados e controvertidos que, ou nos antecipamos e decidimos tudo agora, no início dos tempos, ou mais adiante eles fugirão do nosso controle.

– No que você fundamenta esse seu receio quanto aos humanos, meu irmão precavido?

– Ogum, ainda que estejamos no início dos tempos e o lado material ainda não foi criado, no entanto somos atemporais e eu, dando uma olhada no futuro para ver como ficará o lado material da criação, eis que descobri que os humanos são tão complicados e controversos que, mesmo vivendo em um planeta com 70 % de sua massa sendo líquida, ainda assim teimam em chamá-lo de planeta Terra!

Todos deram uma olhada no futuro, no lado material da vida, e, localizando o "planeta Terra", ficaram preocupados e ninguém mais questionou Oxalá sobre sua atitude de precaver-se em relação aos humanos.

Inclusive, Exu fez este comentário:

– No que me afeta, não gostei nem um pouco de ver alguns comentários associando-me a uma criação mental única e tipicamente humana, e que é um tal de diabo, um oposto de Deus!

Ao que Ogum acrescentou:

– É, vamos ter que tomar muito cuidado com os humanos senão eles tomarão conta da criação material e dirão que Olorum criou tudo só para eles, os únicos donos do Universo!

Como a fala ou o pensamento de um Orixá sempre se concretiza, eis que esses "comentários", mesmo feitos antes que fossem criados o lado material e a espécie humana, não é que muito, mas muito tempo depois mesmo, tanto esses quanto outros comentários se concretizaram e não são poucos os humanos que acreditam que Exu é a pura criação mental humana do tal Diabo, e que são os únicos habitantes inteligentes e únicos donos do universo criado por Olorum só para deleitá-los com a visão de centenas de bilhões de galáxias?

Mas isso já é outra história (ou estória, tanto faz!), porque o que nos interessa aqui é a lenda que definiu quem seria o primogênito e quem seria o primeiro a ser oferendado e assentado nos futuros cultos originais africanos e nos posteriores cultos afro-brasileiros, entre eles, a Umbanda.

Como houve uma votação secreta e cada um votou em si, deu empate geral, e Oxalá decidiu que cada um defendesse o seu voto em causa própria.

Oxum argumentou que o Amor deve estar presente em todas as ações, e porque Olorum os havia exteriorizado num ato de amor pela vida para que essa florescesse no seu exterior com tudo de bom que ela proporciona aos seres, então não havia dúvidas que ela deveria ser a primeira a ser oferendada e assentada, tanto nos ileaxés quanto nas tendas de Umbanda.

Ogum argumentou que sem a Ordem a morada exterior de Olorum desmoronaria com a entrada em cena da primeira leva de espíritos humanos que, num futuro distante, Olorum exteriorizaria para viverem num planeta quase todo líquido, mas que chamariam de terra. Logo, nada mais lógico que ele, o gerador da Ordem, fosse o primeiro, senão os humanos fariam o caos retornar triunfante na morada exterior de Olorum.

Xangô, após uma olhada atenta no futuro, disse:

– A Razão diferenciará a espécie humana das outras que habitarão no lado material do planeta! Só esse diferenciador já é suficiente para conceder-me a primazia nas oferendas e nos assentamentos.

Oxóssi afirmou isto:

– A capacidade de adquirir e armazenar conhecimentos e experiências será o que mais se destacará na espécie humana. Portanto, sinto-me no direito de ser o primeiro a ser oferendado e assentado!

E assim, de um em um, cada Orixá expôs seus argumentos em favor de ser o primeiro a ser oferendado e assentado.

Quando todos haviam exposto seus argumentos, Oxalá falou:

– Agora ficou mais difícil decidir quem será o primeiro porque, em importância, todos se igualam e são fundamentais para a espécie humana.

Logo, em coisas que se igualam pela importância e são os diferenciadores fundamentais da espécie humana, não há como um se sobrepor ou se destacar entre os humanos.

Nesse método de escolha, onde todos estão certos, deve haver algo que nos diferencie!

– Eu sugiro que o método de escolha da primazia seja pelo momento da exteriorização, Oxalá! – exclamou Exu, muito feliz.

– Isto é como legislar em causa própria, meu irmão Exu – obliterou Ogum. – Afinal, todos sabem que o vazio foi o primeiro estado da criação e você, como seu regente, torna-se automaticamente o primeiro Orixá exteriorizado pelo nosso pai Olorum.

Todos os outros Orixás também se viram alijados da primazia e argumentaram que devia haver outro método de escolha.

Oxalá refletiu por um longo tempo e por fim sentenciou:

– Exu está certo! Só assim é possível estabelecer quem terá a primazia entre os humanos.

Exu terá a primazia porque, no início, só havia o vazio, ocupado por ele!

Exu já ia comemorar sua vitória quando, "do nada", Exu Mirim exclamou:

– Há controvérsias, Babá Oxalá, legislador da criação na morada exterior do nosso pai Olorum. Há controvérsias!

– Nem vem que não tem, Exu Mirim! – exclamou Exu, já contrariado com aquela manifestação tardia dele. – Oxalá já sentenciou e ponto final!

— Tudo bem, Exu adulto. Mas que há controvérsias, as há, sabe?
— Não sei não, Exu Mirim. Quando nada havia no exterior de Olorum, o nosso pai e nosso criador, o primeiro estado a surgir foi o regido por mim, que é o estado do vazio absoluto, certo?
— Errado, Exu adulto! Você mesmo afirmou isto: — Quando nada havia...
— O que está errado nessa minha afirmação, meu homônimo infantil?
— Ora, Exu! Você, ao afirmar que quando "nada" havia... já indicou quem deve ser o primeiro a ser oferendado e assentado, e que não é outro senão eu, pois como todos sabem, sou o regente do nada, que é o primeiro estado no exterior do nosso...
— Nem pense algo assim, Exu Mirim! O nada não é um estado, e sim, indica a inexistência de qualquer coisa. Portanto, continuo a ser o primeiro Orixá a ser exteriorizado pelo estado da criação!
— Há controvérsias, Exu adulto! — redarguiu Exu Mirim, já com o cenho fechado.
— Explique-se, Exu Mirim! — ordenou-lhe Oxalá, já de muito tempo contrariado pelas controvérsias criadas por ele quando tudo estava decidido.
— Babá Oxalá, se algo já existisse então o estado de Exu, que é o do vazio absoluto, não poderia ser exteriorizado, certo?
— Certo, Exu Mirim. Continue!
— Bem, como a pouco tempo Exu afirmou que quando nada existia... ele confirmou que eu já estava presente porque o estado do nada é regido por mim, certo?
— Errado, Exu Mirim! — exclamou Ogum, entrando na discussão — o nada não é um estado, e sim, indica a inexistência de qualquer estado. Exu está certo, e a sentença de Oxalá foi correta!
— Caso encerrado, digo, discussão encerrada! — afirmou Xangô.

– Se Oxalá, Ogum e Xangô assim decidiram, então que assim seja. Mas que há controvérsias, há! – exclamou Exu Mirim, embirrando-se todo e recolhendo-se aos seus domínios na criação, que é o "nada". E mais não se falou do assunto no decorrer dos tempos e das eras... até que, no início do século XX da Era Cristã no planeta Terra, alguém criou uma tal de física quântica para explicar certos pontos nebulosos ou discutíveis da física clássica, trazendo à tona tudo o que havia sido discutido lá no início dos tempos, discussão essa que aqui reduzimos apenas aos pontos centrais dela e que definiram Exu como o primeiro Orixá a ser exteriorizado.

Mesmo tendo se recolhido ao Nada, onde nada existe, ainda assim de vez em quando algum Orixá ouvia Exu Mirim exclamar embirrado:

– Há controvérsias! Eu ainda provarei que o Nada é o primeiro estado da criação na morada exterior do nosso pai e criador Olorum.

E quando alguém criou a tal de física quântica, Oxalá perguntou a Ogum:

– Meu irmão Ogum, quem criou essa nova ciência terrena e humana?

– Bom, quem a criou foi um espírito humano encarnado, mas seu inspirador foi Exu Mirim, sabe?

– Já estou sabendo... que vai começar tudo de novo!

– Foi o que eu disse, Oxalá. Primeiro veio a Física. Depois a Metafísica. A seguir o que virá, meu irmão?

– O Misticismo, meu irmão Ogum.

– Os humanos são complicados mesmo, não?

– São sim. Como a ciência criada por eles está calcada na razão e não deixou uma brecha para a presença de Deus, eles criaram uma nova matéria que os levará a um beco sem saída, que, aí sim, finalmente, provará para eles que fora de Olorum e antes do "primeiro instante" nada existia.

– Mas isto os religiosos já não afirmaram há muito tempo?

– Afirmaram, Ogum. Mas os humanos são tão complicados que, mesmo não duvidando da existência de Olorum, só acreditarão Nele quando puderem demonstrá-Lo por meio de uma equação ou de uma fórmula.
– Não seria mais fácil aceitá-Lo, aquietar-ser e viver sem essa discussão interminável, com uns afirmando que Ele existe e outros negando Sua existência?
– Seria o mais sensato. Mas, como incutir isso em mentes complicadas, irriquietas e inconformadas pelo fato de serem criaturas e não criadores?
– Oxalá, será que os humanos não são filhos "do Nada", confiados a nós pelo nosso pai Olorum?
– Não sei nem quero saber, Ogum! Já me basta as complicações que vivem criando para si porque são irrequietos e inconformados. Diálogo encerrado, certo?
– Está certo. Mas creio que, mesmo que no Nada, nada exista, ainda assim estou ouvindo aquela risadinha irritante de Exu Mirim vindo do âmago do nada, sabe?
– Não sei e não quero saber, Ogum. Diálogo encerrado e ponto final!

Bem, após essa instrutiva lenda, ocultada até agora por Exu Mirim, fica para os leitores dela refletirem sobre si e as controvérsias que criam o tempo todo, até em relação aos sagrados Orixás, porque uns os aceitam sem discussão e outros vivem discutindo a existência deles, certo?

Quanto a nós, preferimos nos limitar a registrar os fatos não entrando no mérito das discussões em torno do Nada porque, se o Nada é a inexistência de qualquer estado, então discutir sobre ele não levaria a nada, certo?

Moral desta lenda:
Como Nada, nada existe, então não há nada a ser discutido!

N.A.: Após eu escrever isto, ouvi uma voz vindo do "Nada" dizendo-me:

– Há controvérsias sobre essa afirmação, sabe?

Entre os muitos fatores, pouco conhecidos como funções divinas dos sagrados Orixás, temos o fator complicador, gerado e irradiado pelo Orixá Exu Mirim, ainda não devidamente compreendido pelos seus médiuns umbandistas por causa dos seus métodos "meio ocultos" de atuar, mas que, após a leitura deste nosso livro, esperamos que lhe deem maior atenção e tratem-no com mais respeito.

O fator complicador, como o seu nome diz, tem a função de complicar as coisas para quem age em sentido contrário aos princípios e às leis mantenedoras da paz e da harmonia na criação.

Tudo começa a complicar-se para os mal-intencionados, para os espertinhos, para os aproveitadores, etc., até que chegam a um ponto que, quanto mais tentam sair delas mais se complicam no emaranhado negativo que criaram para si próprios.

Quanto ao fator atrasador, sua função é fazer atrasar tudo o que está atuando em sentido contrário à evolução, à paz e à harmonia.

Ao atrasar ações tidas pela Lei Maior como erradas, o fator atrasador vai criando um descompasso entre os agentes prejudiciais à evolução e esta, que é muito dinâmica, vai deixando para trás esses agentes nocivos que, devido ao descompasso, vão deixando de ter importância.

A nossa Ligação com Exu Mirim

(parte 1)

Uma das mais intrigantes facetas da mediunidade são as ligações com os espíritos manifestadores dos mistérios da criação.

Observando o que se repete com todos os médiuns umbandistas, vemos que todos têm em seu enredo ligações com todos os Orixás, ainda que se destaquem os que formam o seu triângulo de forças (Orixá ancestral, Orixá de frente e Orixá adjunto).

Após estarem bem desenvolvidos, obsevarmos que, se cantar para Ogum, manifesta-se um espírito ligado ou regido por esse Orixá.

Se cantar para Xangô, incorpora um espírito manifestador desse Orixá.

Se cantar para Oxóssi, incorpora um espírito manifestador desse Orixá.

Se cantar para Iemanjá, incorpora um espírito manifestador dessa mãe Orixá.

– Se cantar para Oxum, incorpora um espírito manifestador dessa mãe Orixá.

E assim sucessivamente com todos os Orixás da "direita" ou da "esquerda", porque se cantarem para Exu, Exu Mirim e Pombagira, acontecem incorporações, ainda que na Umbanda não seja comum homens incorporarem Pombagira.

Esse fenômeno, com muitos médiuns incorporando uma mesma "classe" de espíritos, é algo que nos faz refletir profundamente sobre o que está atuando por trás dessas incorporações coletivas e comuns a todos os médiuns umbandistas.

Essa massificação das incorporações com muitos espíritos incorporando ao mesmo tempo, no mesmo espaço físico e girando com passos e movimentos parecidos, criando no conjunto da manifestação uma coreografia sagrada já seria algo surpreendente e admirável.

Agora, e quando estão trabalhando e atendendo pessoas que vão às sessões de Umbanda e vemos dezenas de espíritos incorporados em seus médiuns, com todos eles repetindo as posturas, os trejeitos e os sotaques?

Isso nos indica cabalmente que antes de começarem a incorporar em seus médiuns eles passaram por algum tipo de preparação que, ao incorporarem, os mantêm dentro de um padrão muito bem definido de apresentação e de trabalho.

É assim com os Caboclos e Caboclas.
É assim com os Pretos-Velhos e Pretas-Velhas.
É assim com os Baianos e Baianas.
É assim com os Meninos e as Meninas da linha das Crianças.
É assim com os Boiadeiros.
É assim com os Marinheiros.
É assim com os Exus.
É assim com as Pombagiras.
É assim com os Exus Mirins.

Esses arquétipos estão tão padronizados e tão difundidos em todos os centros umbandistas que nos leva a crer em uma rigorosa organização por trás das incorporações que ocorrem neles, independentemente de ter poucos ou muitos médiuns em suas correntes de trabalhos espirituais.

De fato, a Umbanda tem uma "feição" só sua, ainda que, a exemplo do Espiritismo e do Candomblé, sejam três religiões mediúnicas, porque estão centradas na manifestação da incorporação espiritual.

O Candomblé é milenar.

O Espiritismo tem um século e meio.

A Umbanda está completando seu primeiro século de existência, quando escrevemos este livro.

Mas o fenômeno da incorporação mediúnica ou da possessão espiritual sempre existiu, ora em transes coletivos, ora em transes individuais.

No Espiritismo, centrado unicamente na incorporação de espíritos "humanos", que já encarnaram em algum momento da história da humanidade, eventualmente incorporam espíritos que se apresentam como "crianças".

No Candomblé Nagô, centrado no culto aos Orixás, eventualmente incorporam espíritos que se apresentam como "erês" e, muito raramente, incorpora-se algum espírito que é identificado com um Exu criança. Só um ou outro médium candomblecista de raiz Nagô os manifestam, ao contrário do Exu "adulto", comum a todos.

Aqui, não estamos comentando algo novo, e sim algo que é de conhecimento dos seguidores dessas três religiões mediúnicas e que já vem sendo descrito por muitos autores, já há muito tempo.

Agora, no caso da entidade "Exu Mirim" que baixa nos centros de Umbanda, eles formam uma linhagem à parte, porque não é um ou outro médium que incorpora esse Exu criança, e sim todos que os têm na sua esquerda, em contraponto às crianças da direita.

Isso é algo que merece reflexão, porque não há como explicar um mesmo médium incorporar um espírito "infantil" bondoso, alegre, respeitoso e amoroso em um momento e, em outro, incorporar um espírito "infantil" arreliento, briguento, "bocudo", sarcástico, irônico, que fuma, bebe e até recorre a palavras duras quando quer provocar alguém; tudo como se isso fosse normal e corriqueiro entre eles e em suas manifestações nos centros de Umbanda.

"Religiosamente", seria uma contradição, um paradoxo e um contra-senso invocá-los, deixá-los manifestarem comportamentos e procedimentos rigorosamente combatidos pelos pais em relação aos seus filhos e pela sociedade como um todo, que prima por uma educação saudável, construtiva e respeitosa com as crianças em geral.

– Que vantagem "religiosa" poderia trazer para a Umbanda a incorporação às suas linhas de trabalhos espirituais uma linha que se mostra em tudo contrária ao bom senso, à moral e aos bons costumes que exigimos para os nossos filhos?

– Que acréscimo positivo traria uma linha de espíritos infantis cujos membros (se avaliados pelos nossos padrões morais) deveriam ser enviados a reformatórios e ficarem retidos neles até que deixassem seus vícios e mal-hábitos comportamentais?

– Como uma religião poderia apresentar-se como tal em uma sociedade "cristã" super moralista e tão zelosa com suas crianças se justamente tem em suas linhas de trabalhos espirituais três delas que não só contrariam a "moral e os bons costumes religiosos cristãos," como ainda, para piorar suas "feições" religiosas, só trabalham se assumirem posturas diferentes e tiverem nas mãos um copo de alguma bebida e um cigarro, cigarrilha ou charuto?

– Que ganho essas três linhas trariam para a Umbanda se seriam seus "calcanhares de Aquiles", seus pontos fracos "religiosos" e que fariam dela um verdadeiro "saco de pancadas" para os seguidores das outras religiões?

No momento em que escrevo essas perguntas, eis que surge ao meu lado um "bando" de Exus Mirins, um tanto inconformados e irritados bradando frases deste tipo:

– Chefe, pode parar... pode parar e pode parar! Você já está começando a escrever mer... digo, as mesmas bobagens que outros já escreveram ou impingiram a nós – falou um deles.

– É, pode parar mesmo! Se for para repetir o que os outros já escreveram, nem comece, senão você vai se ferrar conosco, que confiamos a você informações não disponíveis no plano material a nosso respeito. – bradou outro, muito bravo.

– É isso mesmo, chefe! Qual é a sua? Já começou a diminuir-nos escrevendo aí que nós somos os culpados pelos erros que pessoas despreparadas fazem em nosso nome? – esbravejou mais outro.

– Olha, chefe, nós não temos nada com isso, se os pais fumam, bebem, falam palavrões, xingam-se e fornicam na frente dos seus filhos, e quando estes, curiosos, pegam às escondidas suas bebidas e cigarros e, também às escondidas, reúnem-se para fumarem e beberem! – ponderou outro Exu Mirim, também irritado.

– Também tem os casos em que os pais se relacionam intimamente ou se acariciam e se beijam na frente dos filhos, pensando que eles estão dormindo, quando todos dormem no mesmo quarto ou são separados por paredes finas, certo? E aí, em virtude de algo inerente a toda a criação, que é a sexualidade, se veem seus filhos imitando-os, vão logo dizendo que têm encosto de Exu Mirim. – argumentou outro, de cenho cerradíssimo.

– Chefe, ou você toma cuidado com o que está escrevendo e como está escrevendo sobre nós ou as coisas vão ficar complicadíssimas para o seu lado, sabe? – ameaçou-me outro Exu Mirim.

– Chefe, toma cuidado. Você não sabe o que já fizemos com uns sujeitos metidos a sabichões que, querendo aparecer às nossas custas, escreveram ou ensinaram errado a nosso respeito,

certo? – intimidou-me um outro.
– Você ainda não sabe de nada, chefe! – acusou-me outro, que a seguir disse-me isso: – Saiba que o inferno, tal como você o conhece, porque é o teu inferno, digo, dos humanos, não tem nada a ver conosco e lá só tem safados ou ex-safados que foram reduzidos ao nada e agora baixam por aí como espíritos sofredores, só chorando e pedindo ajuda, mas que, quando tiveram a oportunidade, viraram as costas à moral e aos bons costumes cristãos dos humanos e caíram nos vícios e nas depravações, no roubo e no crime, na mentira e na falsidade, e todos eram seguidores de alguma religião, mas não se comportaram como elas lhes pregavam, certo? – esclareceu-me outro.
– É, não vá fazer conosco o que os humanos covardes, que não assumem os seus erros e pecados e vão logo atribuindo-os à influência de um tal de "demônio", só conhecido por vocês ou de vocês porque, na dimensão em que vivemos ele é totalmente desconhecido, e cada um, tanto assume quanto paga imediatamente pelos seus erros e pecados. Lá não tem dessas coisas não, sabe? – argumentou outro Exu Mirim.
Eu mantive-me em silêncio até que todos desabafassem e aí, calmamente, falei-lhes:
– Meus amiguinhos da sétima dimensão à esquerda da humana, fiquem tranquilos, porque esses meus questionamentos das linhas atrás estão criando uma base para que eu possa explicar as vossas funções na criação e o porquê da existência de uma linha de trabalhos espirituais reservada só para o Orixá Exu Mirim, sabem?
– Já estamos sabendo... que você não vai direto aos pontos que nos interessa serem esclarecidos e fica se alongando tanto nas preliminares que, quando escrever sobre eles, só escreverá umas poucas linhas... e nada mais, certo? – acusou-me um deles.
– É isso mesmo, chefe! – falou-me outro – Você já se "desnaturalizou" de tal forma que até está parecendo os pares de namorados ou casais humanos, os quais estão a fim daquilo,

que você sabe o que é, mas ficam enrolando tanto que na hora do "vamos ver", que é o bom mesmo!, decepcionam-se e logo saem à procura de outro parceiro(a). Que coisa, chefe! Não dá para ir direto aos pontos?
– Está certo. Agora me deixem concluir meus comentários ou perco o fio da meada e aí paro com este livro.
– Aí também não, chefe! Trates de ser menos discursivo e seja mais objetivo, porque agora não tem volta, certo? Ou você conclui logo este livro, e certinho, ou irá se ferrar todo, sabe?
– Já estou sabendo. Agora, deem-me licença que preciso prosseguir com os meus comentários sobre o Orixá Exu Mirim.

Ainda demorou um tempo para se convencerem de que só assim sairia um livro realmente fundamentador e esclarecedor sobre o mistério Exu Mirim, mas não sem antes eu ouvir de um deles que nós, os humanos, talvez não sejamos uns filhos de um Orixá e outros filhos de outros, e sim, que talvez sejamos todos filhos de um Orixá não revelado que gera de si o fator enrolador. E só foi embora depois que, em um desabafo, exclamou:
– Como os humanos são enrolados!

Bom, retomando o fio da meada, o fato é que, em hipótese alguma, não seria vantajoso para a Umbanda o "Ônus Religioso" de incorporar as linhas da esquerda se não houvesse razões superiores e divinas a fundamentá-las e dotarem-na de recursos magísticos, espirituais e religiosos que suplantassem largamente os possíveis prejuízos que adviriam em razão da forma nada religiosa dos seus manifestadores se apresentarem, quando incorporados em seus médiuns.

Inclusive, não me esquecerei jamais do que um deles me falou:
– "Chefe, ouça o que vou dizer-lhe: religiões, existem muitas aí na face da Terra, com cada uma se achando a única certa e acusando todas as outras de erradas.

Mas a nenhum de vocês ocorre que todos estão errados,

porque, se há mais de uma, então estão erradas, uma vez que Deus é um só, e não geraria duas religiões ou formas diferentes de cultuá-Lo e de se conduzirem em acordo com Seus princípios divinos.

Nunca lhe ocorreu que, quando muitos se dizem os verdadeiros portadores ou donos da verdade sobre Deus, com certeza absoluta todos estão enganados sobre Ele?

Quando é que vocês, os enroladíssimos enroladores humanos, vão criar juízo e deixarem de se odiarem, isolarem-se e se antagonizarem só porque todos se acham os verdadeiros conhecedores das verdades sobre Deus?

Não lhe ocorre que todos os livros religiosos (e os não religiosos) sempre foram pensados e escritos por espíritos humanos?

Essa história de alguns espertinhos alardearem por aí que "foi Deus quem falou com eles" e revelou-lhes "pessoalmente" Suas verdades, não passa de uma história mesmo, porque quem eles pensavam ser Deus não era mais que um espírito, e ponto final!

Acorda, chefe! Deixem de se "iluminarem" com pilhas e baterias que volta e meia falham e deixam todos na escuridão e tratem de ligarem-se à fonte luminosa, inesgotável, perene e eterna, que é Deus, o único que realmente sabe tudo, inclusive o que é verdade divina e o que são crenças humanas, sabe?

Na criação, todos estão ligados a todos e tudo está ligado a tudo. E, ou um ser mantém-se em harmonia com o Todo ou se enterrará no buraco que cavará sob os próprios pés e, mais dias, menos dias, irá ser reduzido ao nada pelo único Orixá que realmente reduz ao nada quem se desarmoniza com o Todo, que, não por acaso, é o Orixá Exu Mirim!

Ou você acredita que são só os médiuns umbandistas que estão ligados ao Orixá Exu Mirim?

Se você acredita nisso, nem prossiga com seus comentários,

porque vocês, os humanos, por mais que estudem ou digam que conhecem Deus, na verdade só sabem e conhecem a descrição e os comentários que mais lhes interessam ou que lhes foram passados de geração em geração por seus antepassados, tão humanos e falhos quanto todos os atuais "corretíssimos" seguidores das centenas ou milhares de religiões do seu tempo, certo?

– Certíssimo, meu esclarecedor amiguinho da esquerda da Umbanda... e de todos os seres humanos."

Bom, retomando aos comentários iniciais, o fato é que havia razões superiores para a Umbanda incorporar Exu, Exu Mirim e Pombagira à sua esquerda e reservar-lhes três linhas de trabalhos espirituais.

Mas, se o preço a ser pago é sempre alto religiosamente falando, não poderia deixá-los de fora, senão deixaria de ter poderosos recursos naturais, religiosos e magísticos à disposição dos seus adeptos.

E, com eles ativos, os ganhos ou benefícios a longo prazo valeriam a tão temerária incorporação de linhas de trabalhos espirituais.

Mas as justificativas começarão a surgir nos próximos capítulos.

A nossa Ligação com Exu Mirim

(parte 2)

Nos ensinam os espíritos transmissores de novos conhecimentos que o número de Orixás ou divindades às quais estamos ligados mentalmente por cordões ou fios, invisíveis à visão comum, varia de pessoa para pessoa em virtude da evolução de cada um, mas sem dúvida alguma estamos ligados às divindades regentes das sete dimensões à nossa direita e às das sete à nossa esquerda, assim como estamos ligados por cordões mentais às divindades regentes das sete faixas vibratórias positivas e das sete faixas vibratórias negativas.

Afirmam-nos eles que essas ligações mentais existem, e que têm a função de nunca nos deixarem entregues à própria sorte, porque nosso livre-arbítrio não é tão abrangente assim, tanto que não podemos deixar o nosso planeta e irmos morar em outro, porque outro com as mesmas condições, se existir, está fora do nosso alcance.

Também, quando desencarnamos, não vamos para onde gostaríamos de ir, porque será o magnetismo mental (positivo ou negativo) que nos enviará para faixas vibratórias afins.

Nosso livre-arbítrio está limitado ao nosso modo de pensar e de agir e não mais que isso porque até às condições climáticas estamos sujeitados enquanto espíritos encarnados.

Na verdade, afirmam eles, ou nos sujeitamos resignadamente aos desígnios divinos para conosco, ou desenvolveremos em nosso mental um magnetismo negativo tão baixo, vibratoriamente falando, que após nosso desencarne seremos atraídos para faixas vibratórias terríveis e insuportáveis.

Eles nos ensinam que o livre-arbítrio é tão limitado ao nosso modo de pensar e agir por conta própria que até esse nosso pensar e agir tem seus limitadores, localizados justamente no pensar e agir dos nossos semelhantes.

Se pensarmos sobre o nosso livre-arbítrio, descobriremos que ele se limita ao direito de algumas escolhas que não têm maiores consequências, a não ser as de tornarem nossa evolução mais fácil e agradável ou mais difícil e desagradável.

Podemos escolher, aqui no meio material onde vivemos, muitas coisas, tais como: amizades, com quem se casar, profissão, as cores e o modelo da roupa que queremos usar, o esporte que quisermos praticar, onde passear, o que discutir, ouvir ou cantar, o que comer, o que assistir no teatro, no cinema ou no televisor, quando dormir e quando acordar, entre outras coisas, mas nenhuma que atente contra a paz, a harmonia e o equilíbrio do meio onde vivemos, senão essas escolhas desencadearão reações em sentido contrário dos nossos semelhantes e, se for o caso, até da natureza.

Logo, nosso livre-arbítrio restringe-se a pensar e agir, ainda assim se estiverem dentro de limites aceitos por todos como "normal"... e tudo que contrariar essa "normalidade" será combatido visando recolocar no seu lugar o que pensa e age em desacordo com o que todos têm como normal.

Portanto, estamos o tempo todo sujeitos às normas sociais e às leis divinas que regulam nossa evolução.

Aceitar que assim devem ser as coisas e viver de acordo com elas não é um ato de conformismo, e sim de aceitação dos inalteráveis princípios sustentadores da paz, da harmonia e do equilíbrio na criação.

Agora, quanto ao racismo, à intolerância, à ganância, à dominação de uns pelos outros, à pobreza, à miséria, às desigualdades sociais, etc., bom, aí já é conosco e não tem nada a ver com Deus e Seus imutáveis princípios, porque estes se aplicam no rigor da Lei Maior contra quem faz do sofrimento alheio uma fonte de realização dos seus desequilíbrios conscienciais, e ninguém deixa de recolher, já em espírito, todo o sofrimento que infligir aos outros.

Tudo é uma questão de tempo!

Uma vez que estamos ligados por fios invisíveis aos Orixás, que são os poderes reguladores dos meios onde os seres vivem e evoluem, toda ação contrária à paz, à harmonia e ao equilíbrio do meio onde vivemos gera uma reação em sentido contrário que, em um primeiro momento, visa reequilibrar, rearmonizar e neutralizar o negativismo de quem desencanou a ação negativa.

Mas se essa reação limitada é insuficiente para que a ação cesse e a pessoa prossegue, agindo em desacordo com as leis preservadoras, ondas contínuas começam a ser enviadas contra ela que, ou cessa sua ação negativa, ou começa a sofrer as consequências da reatividade preservacionista que, antes de começar a afetar o espírito da pessoa em questão irá desestimulá-la no seu intento destrutivo.

Mas, se a reatividade automática não conseguir fazer com que o agente negativo cesse com sua destrutividade, mecanismos reativos da Lei Maior são ativados, e aí entram em ação os poderes responsáveis pela aplicação de leis drásticas, que afetarão de forma sensível o causador do desequilíbrio, chegando a afetar seu espírito e posteriormente seu corpo biológico.

Cada Orixá tem sua reatividade natural, que entra em ação sempre que a paz, a harmonia e o equilíbrio em seu domínio na criação é quebrado ou está sendo colocado em risco.

A reatividade de um Orixá acontece por meio do cordão mental invisível que o liga a todos os seres, porque é através dele que a pessoa que está agindo negativamente começa a receber as vibrações que a desestimularão justamente na sua ação negativa.

A vibração reativa vai se concentrando no mental e vai imantando-o com fatores com as mais diversas funções, tais como: desestimuladora, redirecionadora, paralisadora, regredidora, revertedora, retornadora, etc.

São tantos os fatores-funções que preferimos não nomear os que já conhecemos, porque não são todos os que existem.

Exu Mirim, enquanto poder estável da criação, gera e irradia naturalmente um número de fatores-funções que nos é desconhecido e só revelamos aqui alguns que já são do nosso conhecimento.

Mas existem tantos fatores-funções gerados por ele que, para nós, o tornam tão indispensável na criação que sem ele e seus fatores-funções o mal se disseminaria de tal forma que os meios e os seres que neles evoluem entrariam em permanente desequilíbrio, desarmonia e conflitos insolúveis e insuportáveis.

Os Orixás, mal os comparando, podem ser comparados a um corpo humano ou à natureza terrestre.

O corpo humano é o veículo ideal para o espírito mas, se uma pessoas perder os movimentos, fica paralisada; se perder a língua, não fala; se perder a visão, não vê; se perder a audição, não ouve; se perder o tato, não sente a textura das coisas; se perder o olfato, não distingue os odores, nos sentidos físicos/ biológicos.

Quanto aos órgãos e aparelhos do corpo biológico (cérebro, coração, rins, fígado, estomago e pulmões), se um deixar de funcionar, vem a morte.

A natureza em equilíbrio nos fornece as suas quatro estações reguladoras e ora temos o frio, ora o calor, ora as chuvas, ora as secas, mas nenhuma coloca em risco a vida aqui em nosso planeta, porque, quando está muito frio ou muito quente no hemisfério norte, no hemisfério sul o clima está ao contrário e sempre se mantém o equilíbrio.

Mas se as ações humanas destruidoras desse equilíbrio não forem contidas, mais dias, menos dias, acontecerá um desequilíbrio planetário e de proporções gigantescas e incontroláveis que colocará em risco a maioria das espécies aqui existentes.

Eles podem ser comparados ao calor, ao frio, à chuva, à seca (as estações climáticas), à água, à terra, ao fogo e ao ar (os quatro elementos), aos animais, aos vegetais, às aves, aos peixes, aos répteis (as espécies), etc.

Seus identificadores por comparação são muitos e se repetem em tudo o que existe.

Desde as cores das coisas até os biótipos humanos servem para identificar a "onipresença" deles em tudo e em todos.

Onipresença, para nós, é isto: estar em tudo e em todos o tempo todo.

Um Orixá está presente em "tudo" e em "todos", ainda que através de determinadas "partes" desse tudo e desse todos.

Cada Orixá é uma das partes da criação, e a soma de todos eles forma o todo, que é Olorum, o nosso Divino Criador e senhor Deus.

Olorum é tudo e todos em Si e está em tudo e todos por inteiro. Já os Orixás, também são onipresentes, mas por meio das partes que formam o todo.

Identificamo-nos nas rochas, nos minérios, nos cristais, nos gases, nas raízes, nas folhas, nas flores, nos frutos, nas sementes nas águas, ou nos líquidos, nas terras ou nos pós, nas temperaturas (o fogo), nos sentidos físicos (tato, olfato, paladar, visão e audição), nos sentidos da vida (fé, amor, conhecimento, justiça, lei, evolução e geração), nas cores, e em tudo mais que existir.

Os Orixás, quer queiram os seguidores das outras religiões, quer não queiram, estão presentes na criação e nas criaturas, assim como estão em nós e estão em Deus ao mesmo tempo. Portanto, na parte de cada coisa que lhe "pertence", cada Orixá é onipresente.

Mas eles também são onipotentes, porque se no domínio sobre a parte de cada um na criação surgir desequilíbrio ou desarmonia, o responsável por ela traz em si fatores reativos que são enviados por meio de ondas vibratórias transportadoras deles.

Mas eles também são oniscientes e, nos seus domínios, como tudo o que acontece dentro deles se reflete nos Orixás, então tudo o que está acontecendo é do conhecimento deles.

• Como o pensamento é um dos seus domínios, todos os nossos pensamentos são conhecidos por eles.

• Como os nossos sentimentos estão em seus domínios, tudo o que sentimos é do conhecimento deles.

• Como os sons estão em seus domínios, tudo o que falamos é do conhecimento deles.

• Como as ações estão em seus domínios, tudo o que fazemos é do conhecimento deles.

Logo, o tempo todo, tudo o que pensamos, sentimos, falamos e fazemos é do conhecimento dos Orixás que, na soma de todas as partes, tendo-as como um conjunto que atua com um sincronismo perfeito, porque é divino, os Orixás são Deus em ação.

Se pensamos em algo bom, e como esse "algo" está no domínio de um Orixá, este "responde" imediatamente com uma vibração estimuladora desse "pensamento positivo".

Mas, se pensamos em algo ruim, o responsável pela contenção desse pensamento ruim também responde imediatamente enviando uma vibração desestimuladora desse "pensamento negativo".

Os mesmos procedimentos se aplicam aos nossos sentimentos, palavras e ações.

Após esses comentários sobre a divindade dos Orixás, fundamentando-os como partes ou aspectos de Deus, vamos dar alguns dos fatores gerados por Exu Mirim, tão imprescindível para a paz, a harmonia e o equilíbrio da criação quanto para cada um dos outros Orixás.

É claro que poderíamos nos estender nesses comentários fundamentadores dos Orixás, indispensáveis ao entendimento deles. Mas aqui nos limitamos a apenas alguns, senão logo aquele grupo de Exus Mirins guardiões dos Mistérios da Divindade Exu Mirim reaparecerá por aqui e mais uma vez vão me chamar de "enrolador", porque antes de escrever sobre esse Orixá prefiro fundamentá-lo, do contrário este livro cairá no lugar comum de vários outros que, até pode nos ensinar algumas coisas sobre os Orixás, no entanto, não as fundamentam e não nos fornecem uma dialética teológica sustentadora e fundamentadora da fé dos umbandistas nos sagrados Orixás.

Ou nós os fundamentamos em Deus e em todos os Orixás cultuados por nós ou a Umbanda nunca sairá do lugar comum das seitas que, na falta de fundamentos próprios, têm de se apoiar em fundamentos alheios e ficarem sujeitas a críticas irrespondíveis.

Tudo na Umbanda tem fundamentação divina. Só precisamos demonstrá-la de forma lógica, racional e compreensível a todos.

A nossa Ligação com Exu Mirim

(parte 3)

Comentamos no capítulo anterior que estamos ligados por fios ou cordões mentais a todos os Orixás, e que eles por serem oniscientes sabem dos nossos pensamentos, sentimentos, palavras e ações.

Como Exu Mirim é um Orixá, independentemente da religião seguida por alguém, ele sabe o tempo todo se esse alguém está ou não em equilíbrio, paz e harmonia com o meio em que vive e com os seres com os quais se relaciona.

Portanto, independe de qualquer religião a sua atuação sobre os seres e os meios onde vivem e evoluem.

Se assim não fosse, tanto Exu Mirim quanto todos os outros Orixás não seriam, de fato, as divindades-mistérios do nosso Divino Criador Olorum que deram início à criação do universo e à criação dos meios onde os seres espirituais passariam a viver e evoluir, assim como, têm mantido a paz, a harmonia e o equilíbrio desde então.

O Orixá Exu Mirim, que na Umbanda recebeu esse nome porque seus manifestadores espirituais se apresentam na forma de crianças, é uma divindade-mistério do Divino Criador Olorum, cujo poder transcende a Umbanda, todas as religiões, o planeta terra, o universo físico e abrange toda a criação divina em todos os seus muitos níveis vibratórias, graus magnéticos e universos, realidades e dimensões da vida, paralelos entre si.

Ele também está presente em tudo como uma das partes do todo, e tudo o que fazemos, pensamos, falamos e sentimos é do seu conhecimento.

"O ato de fazer, de pensar, de falar e de sentir são ações, aqui reduziremos essas palavras a ações positivas e ações negativas a fim de não as ficarmos repetindo o tempo todo".

Como todas as nossas ações positivas ou negativas são do conhecimento de todos os Orixás, que reagem a elas, ora enviando-nos suas vibrações, ora reduzindo o envio delas, temos que entender esse processo para que possamos, a partir da compreensão, vigiar melhor nossas ações.

A ciência divina dos Orixás nos ensina que toda ação classificada pela Lei Maior e pela Justiça Divina como positiva é estimulada em nós através de algum ou de alguns dos muitos fios invisíveis que nos ligam aos mentais divinos dos sagrados Orixás. O retorno estimulador virá daquele(s) em cujos domínios nossa ação positiva ressonar.

Já nossas ações negativas, no retorno, recebemos uma sobrecarga de vibrações desestimuladora dos Orixás responsáveis pela manutenção do equilíbrio nos domínios em que elas ressonaram, ativando um alerta para que sejam paralisadas, bloqueadas, cortadas, quebradas, neutralizadas, revertidas, retornadas ao seu agente ativo, etc.

E essas reações positivas e estimuladoras ou negativas e desestimuladoras são automáticas, porque trazemos em nosso mental mecanismos sensibilíssimos, que tanto detectam nossas intenções quanto positivam ou negativam nosso magnetismo mental, tornando-o, também automaticamente, atrator e absorvedor de vibrações positivas ou negativas.

Os mecanismos estimuladores ou desestimuladores estão em nós e, quando são ativados, só nós poderemos desativá-los, alterando nossas ações, sejam elas positivas ou negativas.

Com essa explicação acima começamos a entender muito sobre a forma de procedimento de Deus quando nos concedeu o "livre-arbítrio".

Ao dotar-nos desses mecanismos sutilíssimos, instalados dentro do nosso mental, o amparo ou a punição em razão de nossas ações positivas ou negativas está em nós e só depende de nossos atos.

Inclusive o perdão por nossos erros e pecados, porque, enquanto acreditarmos que não erramos e não pecamos, não há como revertermos a polaridade magnética do nosso mental, que está negativa.

Enquanto o magnetismo mental se mantiver negativo, vibrações positivas não se ligam nem são absorvidas por ele.

Com isso entendido, temos a compreensão do "porquê" de algumas pessoas que erram e pecaram contra Deus e contra os seus semelhantes viverem sendo atacados por espíritos desequilibrados e malignos: a lei das afinidades aplica-se aos magnetismos mentais, e estes se negativados só se ligam aos seus afins também negativados e só absorvem vibrações divinas dos Orixás responsáveis pela manutenção do equilíbrio, da paz e da harmonia nos domínios da criação em que as ações negativas ressonam.

A dedução lógica e racional é o que nos ensina desde épocas antigas quando as religiões começaram a surgir na face da terra e os religiosos de todos os tempos vêm repetindo o tempo todo: boas ações atraem boas ações e más ações atraem más ações.

Fazer o bem atrai o bem e fazer o mal atrai o mal.

Falar bem dos outros atrai bons comentários sobre si e falar mal dos outros atrai maus comentários sobre si.

Nós dizemos e ensinamos isto:

No ato de fazermos o bem para os nossos semelhantes está a nossa recompensa, porque estamos fazendo um bem para nós mesmos. E no ato de fazermos o mal para os nossos semelhantes está a nossa punição ou castigo, porque estamos fazendo um mal para nós mesmos. Logo, por inteligência, façamos o bem sem esperarmos por qualquer recompensa posterior, porque ela está no próprio ato!

As explicações dadas linhas atrás têm fundamentado as doutrinas e pregações em favor do bem (da paz, da harmonia e do equilíbrio) feitas desde eras remotas por todas as religiões e por todos os verdadeiros religiosos.

Assim também tem sido com a Umbanda, que tem demonstrado na prática que não existem só espíritos ruins ou malignos nos perseguindo (por causa do nosso negativismo), mas também existem os espíritos bons e benignos que vêm até nós para amparar-nos, ensinar-nos e auxiliar-nos na nossa transformação íntima, consciencial e mental, e uma parte se apresentam como guias espirituais de Umbanda, que tanto se apresentam como sendo da direita (Caboclos, Pretos-Velhos, etc.) como da esquerda (Exus, Pombagira e Exus Mirins), mas com todos movidos pela vontade de auxiliar-nos em nossa evolução.

Assim é com todos os espíritos e assim é como o Orixá Exu Mirim, cujos manifestadores espirituais (independentemente da forma de apresentação como "guias espirituais da esquerda" da Umbanda, porque atuam sobre todos), ora estão amparando-nos em nossa evolução, defendendo-nos dos ataques de espíritos trevosos, ora estão atuando no sentido de paralisar nossas ações negativas que, ao atingirem nossos semelhantes, geram desequilíbrios e desarmonia e tiram-lhe a paz.

Para entendermos o Mistério Exu Mirim antes precisamos saber que ele é neutro em suas ações "naturais" na criação. Mecanismos sutis localizados em nosso mental o atraem natural e automaticamente.

Essa atração natural e automática "colocada" em nosso mental pelo nosso Divino Criador visa ao nosso benefício, porque, se o nosso mental estiver com seu magnetismo positivado este atrairá "Exus Mirins" amparadores das nossas ações positivas.

Mas, se o nosso magnetismo mental estiver negativado, atrairá "Exus Mirins" paralisadores das nossas ações negativas. Essa atratividade é natural e automática e independe de qualquer outra coisa ou procedimentos.

É claro que só atraímos os espíritos naturais Exus Mirins se nossas ações positivas ou negativas ressonarem nos seus domínios (na parte deles) na criação.

Se não ressonam, não atrairá nem os Exus Mirins amparadores nem os paralisadores.

Cada ação nossa, seja ela positiva ou negativa, ressona em algum campo ou domínio da criação e ativa, natural e automaticamente, uma relação ou reatividade do Orixá responsável por ele, assim como atrairá a atenção dos espíritos que vivem e evoluem dentro desse campo ou domínio.

Trazendo essa atratividade para o nosso dia-a-dia aqui no lado material da vida em nosso planeta, podemos compará-la desta forma:

Se uma pessoa pratica boas ações, começa a ser elogiada e estimulada a intensificá-las. Mas, se praticar más ações, é criticada e lhe é recomendado que pare de praticá-las.

Até aqui, são reações positivas e negativas automáticas.

Agora, se uma pessoa persistir na prática de boas ações e intensificá-las, beneficiando cada vez mais os seus semelhantes, aí atrairá a atenção de muitas outras pessoas e várias delas se oferecerão para ajudá-la.

Mas, se a ação for negativa e atingir cada vez mais os seus semelhantes, aí o responsável por ela começará a ser cerceado pelos agentes da lei responsável pela paz no campo onde as ações estão se desenrolando. E se a pessoa responsável pelas ações negativas continuadas não parar de praticá-las acabará presa e isolada do convívio com as pessoas de bem para que não as prejudique mais.

Aqui, colocamos de forma simplificada um exemplo genérico, mas muito comum no dia-a-dia das pessoas que, ora estão sendo beneficiadas pelo bem praticado por alguém, ora estão sendo prejudicadas pelo mal praticados por outra(s) pessoa(s).

Mas as reações positivas ou negativas são naturais e automáticas e acontecem em cima de ações concretas benéficas ou nocivas.

Não é preciso conhecermos pessoalmente os praticantes delas para elogiá-los ou condená-los, para apoiá-los ou combatê-los.

Assim também o é no outro lado da vida, que é o mundo espiritual.

Isso, sem contarmos com a atração dos afins, porque quem pratica o bem atrai a companhia e o auxílio de outros praticantes de ações positivas. E quem pratica o mal atrai a companhia e o auxílio de outros praticantes de ações negativas.

Nesse nosso simples exemplo duas leis divinas que se aplicam natural e automaticamente foram citadas: a lei de ação e reação e a lei das afinidades.

Existem outras leis desconhecidas por nós, mas que também dependem unicamente de nós para atuarem no sentido de nos ampararem ou de nos conterem.

Deus tem muitas leis, a maioria, desconhecidas por nós, mas que entram em ação a partir dos nossos pensamentos, dos nossos sentimentos, das nossas palavras e dos nossos atos.

E Exu Mirim, enquanto mistério, é ativado para nos estimular ou nos paralisar a partir das nossas intenções.

Sim, Exu Mirim é acionado assim que nossas intenções ressonam na sua tela vibratória mental, que é divina e capta ao mesmo tempo todas as intenções, tanto as dos encarnados quanto as dos desencarnados.

Tudo o que está vibrando no plano das intenções está dentro do domínio do Orixá Exu Mirim e desencadeia automaticamente a reatividade do mistério desse Orixá, seja ela positiva e estimuladora da concretização das "boas intenções", seja desestimuladora e paralisadora das "más intenções".

Na verdade, a ação do Mistério Exu Mirim é preventiva e visa fortalecer as intenções positivas para que elas se concretizem e beneficiem tanto o intencionador quanto os seus semelhantes, e visa enfraquecer as intenções negativas paralisando-as antes que elas se concretizem e prejudiquem tanto seu intencionador quanto seus semelhantes, que certamente serão atingidos por ela.

Então, com isso entendido, não há porque classificar o Orixá Exu Mirim como Orixá do mal ou Orixá negativo e maligno, como algumas pessoas, movidas pela ignorância, já fizeram.

Nenhum Orixá ou mistério ou lei divina é má, ruim, nociva ou maligna, porque são criações do nosso Divino Criador Olorum, e todos trazem em si a Sua perfeição divina e suas auto-ativações a partir de nós mesmos, dos nossos pensamentos, dos nossos sentimentos, das nossas palavras, das nossas ações e do nosso magnetismo mental visam ao nosso benefício.

Exu Mirim é neutro na sua essência divina, e o seu mistério é ativado automaticamente no plano das intenções, antes que se concretizem.

Sua ação será a de estimular as boas intenções e de paralisar e fazer regredir as más intenções, por isso, essas suas ações não podem e não devem ser classificadas como de um "demônio", de um "diabo" ou de um "agente do mal".

Demoníacas, diabólicas e malignas são as más intenções de pessoas e de espíritos desequilibrados por alimentarem intenções prejudiciais a si e aos seus semelhantes.

Quanto ao Orixá Exu Mirim, por ser de essência neutra, só age e reage em virtude das boas e das más intenções.

Há Orixás cujos mistérios, que também são de essências neutras, agem e reagem a partir de ações iniciais alheias.

Como exemplo do que afirmamos, vamos dar alguns outros exemplos:

Ogum gera de si o fator moralizador, e suas ações e reações visam amparar as pessoas de boa moral e de conter as amorais (ou imorais).

Ogum também gera de si o fator caracterizador, e suas ações e reações visam fortalecer as pessoas de bom caráter e a enfraquecer as de mau caráter.

É claro que tanto Ogum quanto todos os outros Orixás geram e irradiam muitos fatores e aqui não vamos nomear os de cada um; só temos a "intenção" de tornar "concreto" um entendimento e uma compreensão, elevadíssimos, sobre o Orixá Exu Mirim e, por "analogias funcionais", sobre todos os outros Orixás.

A nossa "intenção" é boa e, enquanto escrevo sobre o Orixá Exu Mirim, seres naturais manifestadores dos mistérios de alguns outros Orixás se aproximam e perguntam-me se após eu concluir este livro sobre ele, se eu poderia escrever outros nesse mesmo nível, elevado e racional, sobre os regentes divinos deles.

– Serão para o bem da Umbanda e para o esclarecimento dos umbandistas, meu senhor! – exclama uma Pombagira natural (que nunca encarnou) – Porque muito do que já escreveram sobre nós não é informação, e sim desinformação sobre um mistério tão importante para a paz, a harmonia e o equilíbrio quanto para todos os outros mistérios do nosso divino criador Olorum.

– Pombagira não é prostituta, não é mulher vagabunda, não é mulher viciada em fumo e álcool, não é alcoviteira oferecida, não é criminosa, não é "quadrilheira" e não é uma porção de inverdades que pessoas desinformadas já escreveram ou falaram sobre nós. Inclusive, essas coisas acima são típicas de espíritos humanos encarnados e desencarnados que não conseguem dominar os seus desejos. Saiba que o Orixá de nome não revelado, mas que você chama de Pombagira, gera e irradia o fator estimulador, entre muitos outros, e estimula as pessoas de bem e desestimula os vícios nas pessoas desequilibradas por eles e que põem em risco as paz, a harmonia e o equilíbrio da criação.

Nada é o que parece e se vocês, os espíritos encarnados, não conseguirem interpretar corretamente os mistério da criação, logo adiante ficarão sem meios de explicarem vossas crenças.

Saiba que...

– Espere aí, chefe! – exclamou ao meu lado o líder do grupo de Exus Mirins que haviam me alertado de que iam ficar de olho no que eu escrevia.

– O que aconteceu agora, meu amiguinho da esquerda? – perguntei-lhe.

– Chefe, esse seu livro comenta quem?

– Ora, é sobre o Orixá Exu Mirim!

– Pois é! Não é mesmo?

– Sim, é sobre ele, sim, meu amiguinho.

– Então porque você está aí, todo calmo e relaxado, abrindo um canal para Pombagira colocar em um livro sobre o Orixá Exu Mirim suas reclamações?

– Eu... ela...

– Sem essa de eu e ela, chefe!

– Esses comentários sobre outros Orixás é um recurso muito comum entre os escritores que, ao colocarem alguns comentários paralelos ao tema principal, tornam a leitura mais agradável, compreensível e instrutiva. São chamados de comentários de apoio, sabe?

– Já estou sabendo que, ou você concentra-se em Exu Mirim, ou esse livro não sairá nunca, porque Pombagira gera e irradia o fator reclamador e, se você abrir um canal para canalizar suas reclamações quanto ao tratamento que ela vem recebendo na Umbanda por parte de alguns escritores umbandistas, você não fará outra coisa senão escrever as reclamações dela, sabe?

– Está certo, vou concentrar-me em Exu Mirim, meu amiguinho da esquerda.

– Faça isso, chefe. E não se esqueça que continuamos de olho em você, certo?

– Está certo. Posso continuar a escrever este livro?

– Por mim, tudo bem. Mas vê se não enrola tanto para dizer o essencial sobre o Orixá Exu Mirim.

– São comentários de apoio, sabe?

– Não sei, não! Se você os deixasse de lado, este livro todo seria resumido a dez páginas, no máximo, certo?

– Mas aí, Exu Mirim, seria reduzido a uma ficha técnica, e nada mais.

– Não seria um currículo, chefe?

– Tanto faz, porque ficaria reduzido a alguns comentários frios, que não transmitiriam a verdadeira essência desse Orixá importantíssimo para a Umbanda. Portanto, deixe-me concluir este livro para que, aí sim, vocês o avaliem, está bem?

– Se para você está bem, então prossiga! Mas não se esqueça de que estamos de olho em você, chefe!

– Então, com sua licença, meu amiguinho da esquerda!

– Prossigas! Mas cuidado com o que você comentará sobre o fator intencionador, porque esse negócio de intenção é meio complicado, sabe?

– Já estou sabendo... que você está achando que este livro está ficando complicado, não?

Por onde Exu Mirim Entra em nossa Vida

Bom, após a quebra dos comentários do capítulo anterior, vamos prosseguir nesse para que todos entendam a razão que leva Exu Mirim a entrar em nossa vida sem que alguém tenha feito algum trabalho de magia negativa com a intenção de nos prejudicar.

O fato é que, como todas as intenções refletem na tela vibratória mental de Exu Mirim, de todas ele tem ciência.

Mas, antes de prosseguirmos, vamos colocar aqui as definições da palavra intenção e suas correlatas, encontradas nos dicionários.

- Intenção: 1- V. intento. 2- O que se objetiva fazer; propósito. 3- O que se deseja alcançar; vontade.
- Intencionado: Feito com intenção.
- Intencional: Em que há ou que revela intenção.
- Intencionar: Ter a intenção de; tencionar.
- Intento: Plano, desígnio; intenção, tenção.
- Intentona: intento louco; conluio e/ou tentativa de motim ou revolta.

- Intentar: Tentar; tencionar; esforçar-se por; propor em juízo.

Pelas definições acima já temos uma idéia do quanto são importantes as intenções porque, por trás de tudo o que fazemos, falamos, pensamos e sentimos sempre há uma ou mais intenções motivando-nos.

Como é o Orixá Exu Mirim que gera e irradia de si para toda a criação o fator intencionador, ou seja, o fator que alimenta todas as intenções, então elas também são do conhecimento dele que, por captar todas em sua tela vibratória mental, também é onisciente no seu campo de ação, porque fica sabendo automaticamente de todas elas assim que são pensadas.

A onisciência plena só o Divino Criador Olorum possui, porque Ele tudo sabe e sabe de tudo o tempo todo.

Já a onisciência atribuída aqui por nós aos Orixás, ela é parcial, porque cada um sabe tudo e de tudo tem ciência dentro do seu campo de ação.

Usamos a palavra onisciência unicamente como um recurso retórico para comentarmos como são os Orixás e a partir de que meio tudo sabem nos seus campos de ação na criação.

Porque os Orixás são indissociados do Divino Criador Olorum e porque são manifestações ou exteriorizações divinas, também possuem a onisciência como recurso para, como divindades, poderem atuar em nosso benefício.

Como a onisciência é atributo só do criador Olorum e porque os Orixás a trazem em si, deduzimos que os Orixás não só não podem ser dissociados Dele como, por serem co-criadores, devem ser entendidos como manifestadores de Olorum nos seus campos de atuações.

Assim entendido, Exu Mirim também é parte de Olorum e possui a onisciência e tem ciência de todas as intenções, tanto a nível individual quanto coletivo. E, por isso mesmo, atua por "dentro" dos seres com dois dos seus muitos fatores, que são estes:

- Fator paralisador e fator regredidor.

O fator paralisador entra em ação assim que uma "má-intenção" é captada na sua tela vibratória mental, visando paralisá-la na mente de quem a gerou.

O fator regredidor entra em ação logo a seguir, fazendo regredir ao estado do "nada" ou da inexistência a má-intenção gerada pela mente de quem a pensou, que ficará ressonando na tela vibratória mental do Orixá Exu Mirim até que tenha sido reduzida ao estado do nada e deixe de existir, de vibrar e de ativar a reatividade, que nele é uma reação natural a toda intenção que causa o desequilíbrio e a desarmonia e afeta negativamente a vida dos seres e dos meios onde eles vivem e evoluem.

Já com as intenções que amparam a vida e fortalecem a paz, a harmonia e o equilíbrio, elas ativam no Orixá Exu Mirim o fator impulsionador que impulsiona o ser a concretizar suas intenções positivas.

Dependendo da intenção, o retorno é no sentido de paralisá-la ou impulsioná-la.

E, porque Exu Mirim atua sobre todos os seres através das intenções que os movem, temos uma lenda que é muito elucidativa sobre esse seu mistério e sobre os de vários outros Orixás. Vamos a ela!

A Lenda das Intenções

Lá pelo início dos tempos, quando os sagrados Orixás ainda estavam construindo o universo, ora surgia uma dificuldade aqui, ora outra acolá, mas tudo ia sendo feito sem muita complicação, isto é, sem Exu Mirim interferir demais, sabem?

Mas, quando Oxalá mostrou o modelo original do planeta Terra, eis que tudo se complicou e, de controvérsia em controvérsia, um Orixá de nome não revelado solicitou a ele uma reunião geral e extraordinária para definirem de uma vez tudo o que se relacionasse ao tal planeta Terra, mas que seria líquido em setenta por cento de sua massa.

Oxalá considerou a solicitação pertinente e enviou seu pássaro mensageiro para convocar todos os Orixás.

Convocação geral feita, eis que os Orixás começaram a chegar ao domínio de Oxalá, que é sobre o estado da plenitude.

Rapidamente, como é costume dos Orixás, todos estavam assentados à volta do Orixá Oxalá, menos um, que era justamente Exu Mirim o qual, não por acaso, sempre era o último a chegar.

Lá pelas tantas, quando alguns já estavam ficando preocupados com o que estaria acontecendo em seus domínios, eis que um assovio irritante chegou-lhes aos seus ouvidos, irritando-os ainda mais pelo já avançado atraso, causado justamente por Exu Mirim, que assoviava a sua irritante musiquinha, já assoviada desde que ele descobrira que também gera o fator assoviador.

Sim, era Exu Mirim chegando como sempre chegava às reuniões gerais e extraordinárias: assoviando uma de suas musiquinhas irritantes, até porque, por também gerar o fator irritador, mesmo que não fosse sua intenção irritar ninguém, ele só conseguia compor musiquinhas curtas e irritantes que, de tanto repeti-las, deixava os outros Orixás tão irritados que não foram poucos os que alimentaram certas intenções sobre o fator assoviador e seu gerador.

Nenhuma dessas intenções foi classificada por Ogum como corretas, e seus "pensadores" foram convidados a não alimentá-las para não complicarem ainda mais as coisas.

Quando Exu Mirim finalmente chegou e viu que todos os olhares estavam voltados em sua direção e todos com o cenho cerrado, à guisa de descontração, perguntou-lhes:

– Por acaso vocês não gostaram dessa nova musiquinha que compus?

– Por que haveríamos de gostar se ela não diz nada com nada? – perguntou-lhe Pombagira, quase subindo nos saltos, de tão irritada que estava com o atraso dele.

– Como haveria de dizer algo se no Nada, nada existe ou subsiste além das minhas musiquinhas irritadoras dos que foram reduzidos ao nada?
– Então está explicada a irritabilidade desse seu assovio monocórdio. Duas notas musicais não subsistem no seu domínio, certo?
– Isso é certo, Pombagira. Mas, vamos deixar de lado essa sua irritabilidade e vamos ao que interessa: mais uma vez fui ao último a ser convocado!
– Mas eu pedi ao pássaro mensageiro que você fosse o primeiro a ser convocado para que tivesse tempo de chegar antes do último convocado, Exu Mirim! – justificou-se Oxalá – Vou saber dele por que mais uma vez deixou-o por último, está bem?
– Eu exijo uma explicação, Babá Oxalá!
Oxalá recolheu-se por um instante e logo voltou com a resposta:
– Exu Mirim, o pássaro mensageiro revelou-me que ele preferiu deixá-lo por último porque, para chegar ao seu domínio, ele tem de atravessar o vazio de Exu, que é o primeiro dos estados da criação. E, se até para ele já é difícil atravessar o vazio de Exu, mais ainda é ele encontrar o seu domínio, que é o do Nada, justamente porque nada além dos seus assovios irritantes subsiste nele.
Também me revelou que, de tão irritantes que são suas musiquinhas assoviadas, só a muito custo não se esquece de quem ele é ou do que foi fazer no Nada, já que no Nada, nada se faz, certo?
– Está certo. mas então não reclamem do meu atraso... ou se um dia desses aí na frente eu ensinar uns moleques travessos a fazerem um tal de estilingue, que serve justamente para dar umas pedradas em uns pássaros folgados, ainda que não sejam mensageiros.
– Essa sua intenção foi anotada pelo meu mistério anotador, Exu Mirim! – exclamou Ogum, nada satisfeito com

tal intenção já verbalizada por Exu Mirim e que, por ter sido verbalizada por ele, um Orixá, se concretizaria quando a raça humana surgisse no planeta Terra, ainda que este devesse ser chamado de planeta Água.
— Ogum, o tal planeta ainda não foi criado!— reclamou Exu Mirim.
— Não importa, porque assim que for criado e surgir a raça humana, um dos passatempos dos moleques travessos será dar pedradas em pássaros, logo, será sua a função de puni-los sempre que um for morto por pedras atiradas por estilingues.
— Isso já é lei, Exu Mirim! — exclamou Oxalá. Também contrariado por ele ter verbalizado uma intenção negativa.
— Essa não, Babá Oxalá!!!
— Essa sim, Exu Mirim! — exclamou Pombagira, dando uma das suas gargalhadas alegres.
— Finalmente o seu fator se voltou contra você, homônimo infantil! — exclamou Exu, a gargalhadas.
— É, olhando bem para o planeta que ainda não foi criado, nele vai ter tantos pássaros que não serão só os moleques travessos que vão sentir vontade de dar-lhes umas pedradas. Outros sentirão o desejo de aprisioná-los; de exterminá-los, porque estragarão suas lavouras...
— Com esses outros, você está fora, de perigo, porque não serão estilingados, sabe?
— Já estou sabendo que alguns humanos escaparão ilesos, Exu adulto.
— Nem pense em uma coisa dessas, Exu Mirim.
— O que você tem em mente, Exu adulto?
— Não vou revelar-lhe nada senão acabarei verbalizando algo que poderá ser usado contra mim, tal como já aconteceu contigo há pouco.
— Pensar em algo que pretende fazer posteriormente é uma intenção. — sentenciou Xangô.

– Portanto suas intenções já estão nos domínios de Exu Mirim. – confirmou Ogum.

– Assim não, Ogum!– reclamou Pombagira que, por gerar o fator reclamador, reclama de tudo, até do que lhe é favorável, o que não lhe era quanto às intenções, uma vez que ela tinha umas, nada positivas em relação a Exu Mirim, o atrasador oficial da criação.

Exu Mirim, percebendo que várias das intenções não lhe eram favoráveis, em um impulso, porque gera o fator impulsionador, emitiu a frase que dali em diante se tornaria "lapidar" para muita gente mal intencionada:

– Pombagira, o que vale são as intenções! Se forem positivas e contribuírem para a paz, a harmonia e o equilíbrio essas intenções absorverão o meu fator impulsionador que induzirá os seres a concretizá-las.

Mas, se forem negativas e colocarem em risco a paz, a harmonia e o equilíbrio, elas também absorverão alguns dos meus fatores, tais como o fator paralisador, o regredidor, o dementador, o...

– Pode parar por aí, Exu Mirim. – ordenou-lhe Ogum – Senão uma simples intenção reduzirá os futuros habitantes de um planeta que ainda não foi criado ao nada absoluto.

– Está certo, Ogum! Mas de agora em diante, o que vale são as intenções reais por trás das ações aparentes. E, se forem positivas, serão apoiadas e, se forem negativas, serão combatidas.

– Quanto às ações concretizadas, também estarão sujeitas às reais intenções dos seus concretizadores por trás delas. – determinou Oxalá, dando por encerrada a reunião geral e extraordinária, deixando para outra reunião outras decisões importantes e que se tornariam leis sustentadoras da evolução da espécie humana.

Mas nessa, a frase "o que vale são as intenções", pronunciada por Exu Mirim, tornou-se "lapidar", porque já "enterrou" no inferno humano muita gente "bem mal intencionada".

"O que vale são as intenções" tornou-se lei muito antes do planeta Terra, quase todo líquido, ter sido criado.

Outro comentário, esse de Ogum, também já mandou muita gente para o inferno, porque também virou lei na criação.

– Qual foi o comentário de Ogum?

Foi esse: tudo o que alguém disser poderá ser usado em seu favor ou contra.

O Mistério Exu Mirim Autorealiza-se

Já vimos a importância do Orixá Exu Mirim para a criação, porque ele gera e irradia o fator intencionador, cuja função é dar sustentação às intenções.

Mas, porque não há um fator mais ou menos importante que outro, o fator regredidor gerado por esse Orixá merece destaque em sua fundamentação divina na Umbanda, porque sua ação regredidora é automática, e esse fator começa a ser absorvido por quem se apega de forma intensa e contínua a uma ou a várias intenções destrutivas.

O apego obsessivo a uma intenção negativa, tornando-a mola motora de todo o potencial de um ser, cria em seu mental um magnetismo, ou melhor, negativa o seu magnetismo mental de tal forma que ele (o mental) começa a absorver uma grande quantidade de fatores reativos (ou reacionários), e que têm por função impedir que a intenção negativa se concretize e perturbe a paz, a harmonia e o equilíbrio da sua vítima e do meio onde vive e evolui.

Esse "meio" é relativo e pode referir-se a um lar, a um casamento, a um namoro, a uma amizade, a um negócio, a um emprego, a um local de trabalho, a um projeto, etc.

Entre os fatores reativos mais absorvidos, encontram-se o paralisador e o regredidor.

O fator paralisador tem por função paralisar o potencial negativado e destrutivo do mal-intencionado.

O fator regredidor tem por função fazer regredir os dons naturais e as faculdades mentais do mal-intencionado, criando todas as condições para uma posterior idiotização.

O ser dominado ou obcecado por uma má-intenção corre o risco de perder em pouco tempo seus dons naturais e de começar a se guiar unicamente por sentimentos desequilibrados, fato esse que lhe bloqueia o racional e paralisa-lhe a razão, induzindo-o a uma acentuada idiotice.

Pouco a pouco, tudo mais que interessa realmente ao ser idiotizado perde suas razões e ele passa a viver em função de sua má-intenção, que já se transformou em uma obsessão e o tornou em um obcecado pela idéia de realizar o seu intento destrutivo.

Não são raros os casos de "obsessores encarnados" que, mesmo depois que desencarnam, continuam dominados pelas suas más intenções e, totalmente paralisados pela idéia fixa de que conseguirão realizá-las, continuam com seus intentos por séculos e séculos, regredindo de tal forma que deixam de ter forma humana e desenvolvem formas animalescas e bestiais, chegando a tal ponto em suas regressões que se tornam irreconhecíveis.

São tantos os casos de pessoas que alimentaram com tanta intensidade suas más intenções que, após desencarnarem, se tornaram-se prisioneiros delas e escravos dos seus sentimentos negativos.

Todo esse processo regredidor acontece sem que o mal intencionado tenha noção do que está acontecendo com ele, de tão obcecado que está.

Espíritos assim, quando reencarnam, tiveram tantas das suas faculdades já fechadas que, aqui na terra, se mostram como que idiotizados ou deficientes mentais.

Também todo esse processo regredidor acontece automaticamente sem que alguém precise atuar diretamente sobre os mal intencionados, porque o ato de apegar-se e ser dominado por uma intenção má, negativa o seu magnetismo mental e ativa mecanismos sutilíssimos que passam a absorver grandes quantidades dos fatores paralisadores-regredidores.

Isso que descrevemos acima, esperamos que sirva de alerta aos que acham que ficarão impunes ao transgredirem as leis divinas.

Não ficarão, porque o Divino Criador Olorum, ao gerar os seres, já os gerou com mecanismos sutis que são ativados automaticamente nos que alimentarem sentimentos e pensamentos negativos e desequilibradores da paz, da harmonia e do equilíbrio em sua criação divina.

Para os que duvidam de que Ele seja Onipotente, porque esperam que reaja como nós com os transgressores das suas leis eternas, saibam que Deus não age como nós e muito menos não reage como gostaríamos!

Ações positivas desencadeiam reações positivas "dentro" do nosso mental, e o amparo é automático.

Ações negativas desencadeiam reações negativas também "dentro" do nosso mental, tudo automaticamente e sem que alguém precise punir os infratores das leis sustentadoras da paz, da harmonia e do equilíbrio na criação e na vida dos seres.

As ações e as reações divinas acontecem a nível mental, e não a nível espiritual, enganando-se quem atribuir a Deus ou às divindades os seus problemas de fundo espiritual ou material.

As dificuldades de fundo espiritual têm a ver com as complicações que cada um já criou para si nesta e em outras encarnações.

As dificuldades materiais têm a ver com o tipo de sociedade e de relacionamentos humanos que a humanidade criou para si própria ao negar a validade dos princípios e a autoridade das leis divinas, substituindo-as por leis humanas.

Diferente das pessoas que criam leis e mais leis, e cada cidade, cada estado e cada país têm as suas, senão o caos se estabelece, as de Deus são universais e aplicam-se a tudo e a todos ao mesmo tempo e o tempo todo, não deixando nada e ninguém fora de suas ações amparadoras e de suas reações punidoras.

A perfeição de Deus, dos Seus princípios e das suas Leis, mostra-se a todos o tempo todo, só não acreditando nisso quem não quer ou já regrediu tanto que até duvida que Ele exista.

Mas aí, já são outros comentários, certo?

As Hierarquias de Exu Mirim

O Orixá Exu Mirim possui hierarquias vastíssimas que se espalham por todos os sete planos da vida e pelos muitos níveis e sub-níveis vibratórios existentes dentro deles, atuando sobre todos os seres criados por Olorum, o nosso Divino Criador.

Estas hierarquias são regidas por Orixás Exus Mirins que, na falta de um identificador melhor, optamos por uma classificação elemental.

Sabemos que essa classificação é limitada e não expressa a grandeza dos Orixás e dos mistérios manifestados por eles. Mas ela, junto com os sentidos, é a melhor que temos no momento para melhor identificarmos, classificarmos e nomearmos as divindades e seus campos de ação e atuação.

Nos elementos, temos os quatro básicos, que são: Fogo, Água, Terra e Ar.

Na natureza, temos os seus formadores, que são os vegetais, os cristais e os minerais.

Então, para uma identificação, classificação e denominação "elemental", temos o fogo, a água, a terra, o ar, o vegetal, o cristal e o mineral.

Mas Exu Mirim, por gerar muitos outros fatores além do regredidor e do paralisador, também precisamos acrescentar o fator temporizador, que gera os ciclos e ritmos da criação, criando o mistério das épocas, das eras e do tempo cronológico.

Esse tempo cronológico que rege os ciclos e ritmos da criação nos fornece a noção de épocas e de eras.

As épocas se repetem nas estações climáticas, nos estágios da vida na terra, estabelecendo uma cronologia para cada coisa que existe.

Já as eras, estas englobam todas as épocas e todas as coisas e atuam a nível global.

No "fator temporizador" Exu Mirim gera e irradia de si a parte regredidora dele, que é absorvida pelos seres sempre que suas intenções, se concretizadas, atingirão a paz, a harmonia e o equilíbrio da evolução alheia, e os faz regredirem no tempo.

Com isso explicado, então vamos dar uma classificação das hierarquias divinas do sagrado Orixá Exu Mirim.

- Exu Mirim do Tempo
- Exu Mirim do Ar
- Exu Mirim do Fogo
- Exu Mirim da Terra
- Exu Mirim da Água
- Exu Mirim dos Vegetais
- Exu Mirim dos Minerais
- Exu Mirim dos Cristais

Trazendo essa classificação para os sentidos, temos essa identificação:

- Exu Mirim dos Ciclos e Ritmos
- Exu Mirim da Lei

- Exu Mirim da Justiça
- Exu Mirim da Evolução
- Exu Mirim da Geração
- Exu Mirim do Conhecimento
- Exu Mirim da Concepção
- Exu Mirim da Fé

Essas oito hierarquias são regidas por Orixás Exus Mirins que atuam em campos específicos.

Na classificação elemental, as hierarquias são regidas por Orixás Exus Mirins que atuam através dos elementos da natureza.

Tanto as ações através dos sentidos quanto as ações através dos elementos são desencadeadas a partir das próprias intenções, alimentadas continuamente pelos sentimentos íntimos vibrados pelos seus sustentadores-concretizadores.

Se forem intenções positivas, os mentais dos seus intencionadores absorverão o fator impulsionador.

Se forem intenções negativas, os mentais dos seus intencionadores absorverão o fator paralisador e o regredidor.

Isso tudo acontecerá sem que esses Orixás Exus Mirins interfiram na vida dos intencionadores, porque os mecanismos absorvedores são ativados automaticamente assim que uma intenção começa a ser vibrada no mental do seu intencionador.

Essa atuação é comum a todos os Orixás e engana-se quem imagina que "toma-se surra de Orixá".

Não é preciso porque os mecanismos absorvedores dos fatores estão localizados dentro do mental dos seres, e tudo depende do tipo de intenção que estão vibrando no íntimo.

Assim é com os Orixás "planetários" Exus Mirins que, tal como todos os outros Orixás, dentro dos seus campos de ação, saturam-nos com seus fatores, dependendo de nós só absorvermos os que nos impulsionam para a frente e "para cima" ou os que nos paralisam e nos regridem "para baixo".

– Esse "para cima" significa ligarmo-nos às faixas vibratórias positivas e começarmos a atrair espíritos altamente evoluídos que, por afinidade, nos auxiliarão na realização das nossas boas intenções.

– Esse "para baixo" significa ligarmo-nos às faixas vibratórias negativas e começarmos a atrair espíritos "baixamente" regredidos que, por afinidade, nos auxiliarão na realização das nossas más intenções.

Mas essa atratividade por afinidades conscienciais já não estão no campo de ação dos Orixás, e sim fazem parte do nosso magnetismo mental que se alterna em função dos sentimentos vibrados em nosso íntimo.

As Linhagens de Exu Mirim

Por linhagens, entendam seres naturais que se incorporam nos médiuns e se apresentam como Exus Mirins.

São seres gerados por Deus e que, quando foram exteriorizados, foram acolhidos pelo Mistério Exu Mirim, que os imantou e assumiu a ancestralidade divina por todos eles.

Como tudo isso acontece não é do nosso conhecimento, e não foi revelado nada a nós sobre esse mistério de Deus.

Mas aqui, a nível planetário, há uma dimensão da vida, paralela à dimensão humana e que está localizada no sétimo grau à nossa esquerda na escala magnética horizontal, escala essa que também está em nós como um mistério que nos desloca mentalmente para a "direita" ou para a "esquerda", também só dependendo dos mecanismos sutis que trazemos "dentro" do nosso mental.

Nessa sétima realidade paralela à esquerda da nossa, vivem e evoluem os seres naturais que chamamos de Exus Mirins.

Há linhagens identificadas pelos elementos formadores da natureza terrestre, que se identificam assim:

- Exu Mirim Foguinho (do fogo)
- Exu Mirim Pocinha (das águas)
- Exu Mirim Folhinha (dos vegetais)
- Exu Mirim Pedrinha (dos cristais)
- Exu Mirim Ventaniazinha (dos ventos)
- Exu Mirim Poeirinha (da terra)
- Exu Mirim Ferrinho (dos minerais)

No sincretismo dos Orixás com os santos católicos, eles se apresentam com nomes de santos no diminutivo, tal como fazem os Erês ou Crianças da direita.

No simbolismo umbandista, apresentam-se com os nomes usados pelos Exus, mas sempre no diminutivo:

- Exu Mirim Sete Porteirinhas
- Exu Mirim Sete Covinhas
- Exu Mirim Sete Cruzeirinhos
- Exu Mirim Sete Cruzinhas
- Exu Mirim Sete Espadinhas
- Exu Mirim Sete Ganchinhos
- Exu Mirim Sete Ferrõezinhos
- Exu Mirim Sete Garfinhos (tridentes)
- Exu Mirim Sete Encruzilhadinhas
- Exu Mirim Pagãozinho
- Exu Mirim Lobinho
- Exu Mirim Cobrinha
- Exu Mirim Aranhinha
- Exu Mirim Morceguinho
- Exu Mirim Brazinha
- Exu Mirim Sete Pedrinhas Pretas
- Exu Mirim Sete Forquinhas
- Exu Mirim Sete Garrinhas

- Exu Mirim Sete Galhinhos
- Exu Mirim Quebra-Galhinhos
- Exu Mirim Sete Foicinhos
- Exu Mirim Sete Punhaizinhos
- Exu Mirim Sete Nozinhos
- Exu Mirim Risadinha

E muitos outros nomes simbólicos existentes nas linhas de Exus que, na Umbanda, não se apresentam com nome em línguas africanas, porque esse modo de apresentação pertence ao Candomblé.

O Candomblé possui seus fundamentos milenares sobre todos os Orixás, e não só sobre Exu e Exu Mirim, que nessa religião têm um nome específico e em língua Yorubá.

A Umbanda, no seu início, serviu-se de muitos desses fundamentos, mas ao invés de adotar a Cosmologia e a Teogonia Nagô na sua íntegra, para fundamentar sua gênese e seu panteão divino, optou por servir-se dos nomes dos Orixás, já aportuguesados, e desenvolveu todo um panteão divino com nomes simbólicos, tais como Ogum de Ronda, Ogum das Pedreiras, Oxum das Cachoeiras, Oxum das Pedras, Xangô Sete Montanhas, Xangô do Fogo, e assim por diante, com muitas outras divindades que, pouco a pouco, foram se popularizando graças às manifestações dos caboclos, que também se apresentavam com nomes simbólicos, tais como Caboclos das Pedreiras, Caboclos das Cachoeiras, etc.

Mas também se serviu de nomes em tupi-guarani, de santos católicos, de aspectos da natureza terrestre, tais como Araribóia, Tupinambá, Tupi, Mirim, das Folhas, dos Raios, dos Rios, das Ondas, São Jorge, São Sebastião, etc.

Se a doutrina umbandista era de tendência cristã, nomes de santos católicos.

Se a doutrina umbandista era de tendência indígena, nomes em tupi-guarani.

Se a doutrina era Nagô, Angola ou outro culto de nação, nomes africanos aportuguesados.

E, em meio a essas doutrinas ou sincretismos religiosos, destacavam-se os nomes simbólicos, nomes esses já comentados em vários livros de nossa autoria, tais como *Código de Umbanda*, *As Sete Linhas de Umbanda*, *Formulário de Consagrações Umbandistas*, *Tratado Geral de Umbanda*, etc.

A palavra "mirim", em tupi-guarani, significa pequeno que, no caso de Exu Mirim, nos revela que ele é um Exu pequeno (jovem, criança, novo) enquanto os outros são grandes (adultos mais velhos, já crescidos).

Portanto, temos o nome "Exu", que é de origem Nagô, e temos "mirim", que é de origem tupi-guarani, em uma fusão de duas línguas, duas religiões e duas culturas por meio da simbologia umbandista.

Então não se assustem se um Exu Mirim apresentar-se com nome cristão ou nome indígena ou nome em alguma língua africana, mas aportuguesado, ou com nomes simbólicos de mistérios "umbandistas".

Inclusive, a apresentação por nomes simbólicos dos mistérios, tais como sete porteirinhas, sete pedrinhas, sete cruzinhas, etc., torna-os independentes das raízes cristã, indígena e africana e mostra-os como "de Umbanda", porque esse é o simbolismo desenvolvido na Umbanda para fundamentá-la e dar-lhe autonomia religiosa.

Oferendas para Exu Mirim

As oferendas para Exu Mirim são idênticas às dos Exus, mas revestem-se de uma singeleza própria, porque eles pedem brinquedos ou "ferramentas" em tamanho pequeno, assim como pedem bebidas não muito "fortes" (com baixo teor alcoólico) ou até refrigerantes, misturados com outras bebidas, estas sim "fortes".

Para não conturbar esse campo em virtude das particularidades de cada linha de Exu Mirim, daremos só os elementos mais solicitados por eles.

Mas elas são importantes e devem ser feitas nos locais que eles indicarem, porque há coisas que só na natureza é possível trabalhá-las.

Oferenda para Exu Mirim:

- Toalhas ou panos preto e vermelho
- Velas bicolores (preta e vermelha)
- Fitas pretas e vermelhas
- Linhas pretas e vermelhas

- Pembas pretas e vermelhas
- Flores (cravo)
- Frutas (manga, limão, laranja, pêra, mamão)
- Bebidas (uísque, licores, Cinzano, pinga com mel)
- Comidas (fígado bovino picado e frito em azeite-de-dendê, farofa com miúdos de frango, etc.)
- Charuto, cigarros e cigarrilhas.

Conclusão

Vimos nos comentários sobre o Orixá Exu Mirim que na criação divina tudo tem seu fundamento e só é preciso que nós os conheçamos corretamente para que ele assuma seu lugar de direito no panteão umbandista.

Procuramos demonstrar por meio dos fatores-funções que ele é tão importante para a paz, a harmonia e o equilíbrio quanto todos os outros Orixás.

Não comentamos muitas outras coisas sobre esse Orixá, porque não nos foi permitido e também porque acreditamos que aqui já colocamos o suficiente para que, de agora em diante, todos os que desejarem recorram a esse Orixá da "esquerda" com a mesma fé, confiança e devoção com que oferendam aos outros Orixás.

Também esperamos que após a leitura dos nossos comentários aconteça uma melhora doutrinária quanto aos "meninos da rua" e companheiros dos "donos da rua", que são os Exus, mas não os associando às infelizes crianças abandonadas ao vício e ao sofrimento de não ter tido um lar que lhe fornecesse tudo o que é oferecido às "nossas crianças".

Concluímos com o comentário de um Exu Mirim que nos disse isto:

– Tio grandão, podem nos imputar todos os defeitos e vícios humanos que não ligamos a mínima, porque somos refletores das más intenções de quem nos incorpora. Mas, que ninguém se esqueça de que, ao incorporarmos em nossos médiuns e nos comportarmos de forma chula ou mal-educada, antes dela ser nossa já era dele.

Portanto, que cada um eduque sua "criança interior" que, aí sim, seremos mais educados... mas não muito, certo?

Afinal, podemos ser pequenos, mas não somos bobos, pois sabemos muito bem como são os humanos!

E que não nos esqueçam nas suas esquerdas, porque, se sem Exu não se faz nada, sem Exu Mirim nem o nada se é possível fazer!

E aí tudo se complica, não é mesmo, tio grandão?

Saravá, Exu Mirim!

Mojubá, Exu Mirim!